그날을 말하다

진혁 엄마 고영희

4·16구술증언록 단원고 2학년 8반 제6권

그날을 말하다

진혁 엄마 고영희

4·16기억저장소 기획 편집
(사) 4·16세월호참사가족협의회 지원 협조

한울

일러두기

1. 음절로 식별 가능한 소리를 들리는 대로 전사하는 것을 원칙으로 한다.

2. 의미를 파악하기 위해 추가 설명이 필요할 경우 [ ]로 표시한다.

3. 몸짓, 어조 등 비언어적 행위는 ( )로 표시한다.

4. 구술자가 말을 잇지 못해 말줄임표를 사용하는 경우 ……, …로 길고 짧음을 표시한다.

5. 비공개 영역은 〈비공개〉로 표시한다.

6. 비공개해야 하는 희생자 형제자매의 이름은 ○○, △△ 등의 도형기호로, 생존자의 이름은 A, B, C 등 알파
   벳 대문자로 표시한다.

7. 비공개해야 하는 제3자는 직분이나 소속, 성만 공개하고, 이름은 ××로 표시한다. 비공개해야 하는 숫자는
   자릿수에 상관없이 □로 표시하며, 지명은 □□로 표시한다.

책머리에

4·16기억저장소에서는 세월호 참사 5주기를 맞아 구술증언 수집 사업의 결과물 일부를 100권의 책으로 발간하게 되었습니다. 이 사업은 2015년 6월부터 다양한 학문 분야 구술 연구자들의 자발적인 참여로 진행되어 왔으며, 세월호 참사를 좀 더 정확하고 다각적으로 기록하고 기억하고자 하는 노력의 일환으로 수행되었습니다.

2014년 참사 발생 이후, 참사 피해자들의 목격담과 경험은 안타깝게도 공식적인 국가기관과 언론의 기록 속에서 철저히 소외되거나 왜곡되었습니다. 그것은 세월호 참사가 우리에게 안긴 죽음과 고통의 충격만큼이나 우리 사회의 끔찍한 비극이었습니다. 따라서 사업을 진행하면서 세월호 참사 희생자 가족, 생존자, 생존자 가족, 어민, 잠수사, 활동가, 기자 등등, 참사의 초기 과정을 직접 경험한 분들의 증언을 우선적으로 수집했습니다. 구술자는 이 사업의 취

지와 방식에 개인적으로 동의한 분 중에서 선정했으며, 참여 과정에 어떠한 금전적 보상이나 이익이 제공되지 않았습니다. 또한 구술증언 수집 사업을 진행하는 동안, 면담자는 연구자이자 참사를 겪은 공동체 시민으로서 최대한 윤리적이고자 노력했습니다.

구술자마다 매회 약 2시간씩 3회를 원칙으로 음성 녹취와 영상 촬영을 하는 방식으로 진행되었고, 증언의 일관성을 확보하기 위해 면담자는 큰 틀에서 공통 질문지를 사용했습니다. 공통 질문지의 내용은 참사와 구술자 간의 관계성에 따라 차이가 있지만, 유가족 구술의 경우 1회차 '참사 이전의 삶, 팽목항과 진도에서의 경험, 자녀에 대한 기억'을, 2회차 '참사 이후 투쟁과 공동체 활동 경험'을, 3회차 '참사 이후 개인 및 가족이 경험한 삶의 변화와 깨달음, 자녀의 현재적 의미'를 중심으로 했습니다. 이처럼 증언 내용은 참사 이전에서 시작해 참사 발생 당시의 경험과 이후의 변화 과정까지 폭넓게 수집했고, 면담자는 구술 채록 과정에서 구술자의 발화를 최대한 존중하고자 했으며, 무엇보다 각자의 특수한 경험과 다른 시각을 충실히 반영하고자 했습니다.

이 구술증언록의 발간을 위해, 채록된 음성 자료는 문서로 변환해 구술자와 함께 검토했고, 현재 시점에서 공개할 수 있는 영역과 할 수 없는 영역으로 구별했습니다. 따라서 책에 실린 내용은 모두 구술자로부터 공개를 허락받은 부분입니다. 비공개 영역은 추후 구술자의 동의를 받아 적절한 절차를 거쳐 추가로 공개될 수 있으리라 생각합니다.

이 구술증언록 100권에는 그동안 우리 사회에 왜곡되어 알려지거나 잘 알려지지 않았던, 참사 발생 직후 팽목항과 진도 혹은 바다에서의 초기 상황에 관한 중요한 증언이 포함되어 있습니다. 또한, 자녀를 잃는 잔인하고 애통한 상황을 겪으면서도 그 누구보다 강인한 정치적 주체로 성장할 수밖에 없었던 유가족의 마음과 경험을 구체적으로, 그리고 여러 각도에서 살펴볼 수 있습니다. 그 외에도, 이 구술증언록은 2014년을 전후한 한국 사회의 여러 측면을 드러내는 귀중한 자료가 되리라고 생각합니다. 무엇보다 국내외의 많은 분이 이 책을 읽어, 장차 세월호 참사의 진상 규명과 역사 서술에 기여할 수 있기를 바랍니다.

구술증언 수집 사업이 진행되고, 책으로 출간되기까지 많은 분의 도움과 지지가 있었습니다. 이 지면을 빌려 부족하나마 감사의 말씀을 전하고자 합니다.

먼저 (사)4·16세월호참사가족협의회와 4·16기억저장소에 감사를 드립니다. 이분들의 신뢰와 적극적인 협조가 없었다면, 이 사업은 처음부터 시작할 수조차 없었을 것입니다. 또한 어려운 정치 환경 속에서도 사업의 취지에 공감해 재정 지원을 결정해 준 아름다운가게와 역사문제연구소에 감사드립니다. 두 단체 덕분에, 이 사업을 4년 동안 계속해 올 수 있었습니다. 그리고 구술증언록 100권의 발간에 동의하고, 바쁜 일정에도 출판 실무를 기꺼이 맡아주신 한울엠플러스(주)에도 감사를 드립니다. 이 외에도 많은 개인과 단체가 직간접적으로 많은 도움을 주시고 격려해 주셨습니다. 여기에 모두 밝히지 못하는 것을 죄송하게 생각합니다.

　말할 필요도 없이, 가장 크고 또 가슴 아픈 감사는 구술자 한 분한 분께 드리고자 합니다. 이 책이 발간될 수 있었던 것은, 무엇보다 용기를 내어 아픔과 고통의 기억을 다시 떠올리고 장시간 진심으로 이야기를 해주신 구술자가 있었기 때문입니다. 오랜 시간 이야기를 나누며 함께 공감하기도 했지만, 그 아픔과 고통을 어떻게 가늠할 수 있을까 싶습니다. 더 큰 도움이 되지 못함을 안타까워하며, 이 구술증언록 100권의 발간이 피해자분들에게 조금이라도 위로가 될 수 있기를 기원합니다.

2019년 4월

4·16기억저장소 구술팀 책임자
서울대학교 인류학과 교수 이현정

차례

■ 3회차 ■

진혁 엄마 고영희

구술자 고영희는 단원고 2학년 8반 고 최진혁의 엄마다. 엄마에게 진혁이는 언제나 살갑고 듬직한 아들이었다. 아들의 억울한 죽음의 진실을 밝히기 위해 재판을 빠짐없이 방청했지만 남은 것은 분노와 한숨뿐이었다. 엄마는 아픈 몸을 이끌고 유가족들과 함께 사회적인 약자들을 돕기 위해 힘쓰고 있다.

고영희의 구술 면담은 2019년 2월 27일, 28일, 3회에 걸쳐 총 4시간 55분 동안 진행되었다. 면담자는 김아람, 촬영자는 강재성이었다.

구술자 본인의 프라이버시나 제3자의 프라이버시를 보호해야 할 부분을 제외하고는 구술자의 발화를 있는 그대로 전사했다.

1회차

2019년 2월 27일

1
시작 인사말

면담자　　　본 구술증언은 4·16 사건에 대한 참여자들의 경험과 기억을 기록으로 남김으로써 이후 진상 규명 및 역사 기술에 기여하고자 합니다. 지금부터 고영희 씨의 증언을 시작하겠습니다. 오늘은 2019년 2월 27일이며, 장소는 안산시 단원구 4·16기억교실 교육장입니다. 면담자는 김아람이며, 촬영자는 강재성입니다.

2
구술 참여 동기와 근황

면담자　　　시작하도록 하겠습니다. 혹시 이 구술증언을 하고 있다는 걸 알고 계셨나요?

진혁 엄마　　　아니요, 며칠 전에 알았어요. 며칠 전? 졸업식 진행되는 날이었나, 앞날이었던 거 같아요.

면담자　　　누구한테 말씀 전해 들으셨어요?

진혁 엄마　　　우리 반 우재 아빠가 교수님하고 같이 계셨었나 봐요. 전화를 해서 "해볼래?" 그래서, 저는 "그게 뭐야?"라고 했더니 자기가 이제 "설명 못 하겠다"고 교수님을 바꿔주서 가지고, 교수님이 "의향이 있냐?"고 해서 "진혁이 아빠한테 여쭤보겠습니다"[고] 했죠. 그랬더니 "알았다"고 하고 물어본다는 걸 저도 잊어버린 상황이 된 거죠. 또 전화가 와서 "아, 진짜 물어보고 전화드리겠다"고 [그래서 진혁이 아빠에게] 물어봤더니 "누구냐?"고 "명지대 교수님"이라고 했더니 "기억저장소, 같이 처음에 최초로 하셨던 분"이시라고 그랬더니 기억을 하더라고요, 진혁이 아빠가. 저는 아무 기억이 안 나는데 기억을 하고 있더라고요. 그래서 "그러면 해드려라"라고 하더라고요. 그래서 "내가 하지 말고 본인이 해라" (웃으며) 나는 그랬죠, 진혁이 아빠한테. [그랬더니 진혁이 아빠는] "아니, 네가 해라" 그러는….

면담자   김익한 교수님이 권하셨군요. 아버님은 왜 안 하신다고 하셨을까요? 특별한 이유가 있으셨을까요?

진혁 엄마   모르겠어요. 다음에 오면 물어보세요(웃음). 그래서 [우재 아빠에게] 물어봤더니, "교수님은 진혁이 엄마의 내용이 필요하다 그러더라. 아빠들의 증언은 되게 많이 들으셨다고… 그래서 진혁이 엄마의 이야기를 듣고 싶다고". 또 어디서 무얼 들으셨는지… (웃음).

면담자 .   아버님은 구술에 대해 특별히 조언해 주시거나 그런건 없었어요?

진혁 엄마   그런 건 없고, "좋은 일 하시는 교수님이시니까 해드려라"고만 하더라고요. 그리고 필히 오늘 출근을 안 했죠(웃음).

면담자   원래는 그럼 같이 출근하시고 같이 퇴근하시고?

진혁 엄마   네, 네.

면담자   이 기록을 남긴다고 했을 때 어떻게 활용되고 기억되었으면 좋겠다고 생각하세요?

진혁 엄마   대체적으로 어떠한 내용이 어떻게 되는지는 모르겠지
만 이 사건을 모르고, 정확히 모르는 사람들 그런 사람들한테 알려
주고 싶어요. 아직까지도 세월호라는 거를 몰라요, 그리고 당사자가
아닌 사람은 이 아픔을 몰라요. 그리고 정치판에 있는 사람들이 처
음부터 끝까지 읽어줬으면, 그리고 제가 광주법원을 자주 다녀서,
하고 싶은 얘기는 이준석 선장 외에, 지금 나온 사람들도 있어요. 그
사람들이 이 책을 처음부터 끝까지 접했으면 좋겠어요, 읽어봤으면
좋겠어요. 나온 사람들 많고, 형이 만료돼서 나와서 돌아가신 분도
계시고.

면담자   최근에는 어떻게 지내고 계세요?

진혁 엄마   최근에는 일하면서, 제가 다시 그 전에, 사고가 터지
고 나서 배웠던 게 있어요, 꽃을 배웠어요. (면담자 : 플로리스트요?)
네, 플로리스트 자격증을 땄어요. 그래서 다시 그 공부를, 덜 배운
게 있어서 내가 배우고 싶은 그런 분야, 분야보다도 클래스를 하고
싶은데…, 가르쳐야 되면은 누군가에 가서 내가 또 배워야 되고 이
선생님이 누구를 어떻게 가르치는지 봐야 되거든요. 그래서 그거를
지금 배우려고 하는데 빠르면 3월 중순부터 다시 일주일에 1회 정도
할 거 같아요. 꽃 만지고 화분 키우고 사무실에서 일하고….

면담자   원래 꽃 만지는 걸 좋아하셨나요?

진혁 엄마   원래 이렇게 뭔가를 하고 손으로 하는 거는 좋아했어

요. 십자수, 뜨개질, 사고 났을 때는 저것도 땄어요, 발도르프 인형 자격증도 땄어요. 따고 나서 그거에 대한 실용성은 단가만 높지 그렇게 없는 거 같아서 미친 듯이 필기시험을 [준비해서] 합격을 했어요, 플로리스트를. 4·16이 다가오니까, 4주기가 다가오니까 '이 이전에 모든 걸 다 따리라' 그래 가지고 초스피드로 작년에 땄어요, 3월에 실기를 딴 거죠.

면담자 강사로 활동하시려고 공부를 하고 계신 건가요?

진혁 엄마 강사보다는 아픈 사람들을 그냥 치유 목적으로 가르쳐주고 싶어요. 어디에 센터나 복지관이나 그런 데 가면 비싸게 안 받더라도 아픈 사람들을 한번 그냥 얘기하고 싶고, 그냥 그런 목적, 그런 걸 하고 싶어요. 저는 돈을 벌기 위한 목적이 아니고, 내가 아파봤으니까 아픈 사람들을 위한 거를 해주고 싶어요.

면담자 최근에 졸업식 있었는데 어머니께서 참석하셨어요?

진혁 엄마 무지 고민하고 갔어요, 진혁이 아빠는 "가지 말아라. 가지 말자"라고 했는데 처음에는 저도 졸업식을 접했을 때 너무너무 화가 났거든요.

면담자 어떤 점이요?

진혁 엄마 "가면 내 아이가 있어?"라고 제가 반문을 하고, 엄청나게 진혁이 아빠도 그리고 우리 반 아빠, 엄마들도 몇 명도 그리고 "이거는 아니다"라고 했는데, "난 안 갈 거야. 난 안 갈 거야" 했는데 몇 명 엄마들이 전화 오고 아빠들이 전화 온 거야. "혹시 진혁이 엄마 가게 되면 우리 애 거 좀 챙겨 오면 안 돼?" 그러는데 이거는…. 안 가려고 마음먹었다가 혹시 내 아이 자리만 비어 있을까 봐 덩그러니, [그래서] 갔어요. 우리 반 승현이 엄마랑 둘이 손잡고 갔는데 둘이 가면서 하는 얘기가 있었어요. "그날 그때가 생각난다. 여기를 어떻게 올라갔을까, 우리가?" 올라가서 또 올라가는데 그때 당시에도 기자들이 되게 많았거든요? 요번에도 기자들 틈바구니를 헤치면서 들어갔었어요. 들어가서 앉았는데 저는 졸업앨범이 그렇게 큰지 몰랐어요. 와! 이렇게 두껍더라고요. 세 권, 요만한 거 있고 얇은 거 있고 졸업장 있고 꽃다발이 있는데, 그때 당시에는 모르고 안 울려고 이를 물고 있었어요, 제가 이를, 안 울려고.

끝나니까 낑낑거리고 들고 오고, 온마음센터 직원분들한테 "우리 반 아이들 거 챙겨서 싣고 오라"고 부탁을 했죠. 그래서 우리 반 아이들 거는 현대빌라에 가 있어요, 현대빌라는 우리 진혁이 아빠가 우리 8반 사랑방을 하나 만들었거든요. 거기에 아이들 게 지금 가 있어요.

면담자   8반 부모님들은 부정적인 생각을 많이 하셨던 거예요?

진혁 엄마   많이 했죠. 아빠들은 반발이 많았어요, 특히. 근데 엄마들은 그게 아니었죠. 내 아이 의자만 비어 있을까 봐, 그래서 엄마들은 이를 악물고 갔죠, 엄마들은. 그래도 못 온 엄마, 아빠들이 있기에 그걸 챙겨 왔어요.

면담자   정부가 바뀌면서 활동이 많이 줄었잖아요. 최근에 4·16세월호참사가족협의회에서 같이하시는 일 있으세요?

진혁 엄마　　저는 없었어요, 왜냐면 일을 하느라고. 광주법원 그게 끝나고 나서는 아예 일만 했어요.

면담자　　아까 말씀하신 사랑방에서 부모님들끼리는 정기적으로 만나시나요?

진혁 엄마　　한 달에 한두 번, 8자 들어가는 날.

면담자　　자주 보시는 편인데요?

진혁 엄마　　8반이라, 근데 너무 자주 보니까 제가 힘들어요(웃음). 제가 힘들어요, "8반 안방마님 사퇴해야 한다" 그래도 사퇴도 못 하게 하고.

면담자　　아무래도 어머니가 현대빌라를 관리하시니까요. 관리는 주로 어머니가 하시는 거죠?

진혁 엄마　　진혁이 아빠가 거긴 거의 다 가, LED도 갈고 도배도 하고.

면담자　　아예 그 집을 세 얻으신 거예요?

진혁 엄마　　서울에서 본사를 정리하면서 집을 하나 이제 안산에다 했는데, 저희가 이거 그 전부터 얘기를 했었어요. "분명히 정부는 우리 아이들 한군데 안 모아줄 것이며 합동 장례를 치르고 나면, 영결식을 하고 나면 분명히 우리 엄마, 아빠들 어디 가서 모일 자리도 없을 거다"라고 해서, 그 전부터 이걸 하고 싶었는데 못 한 거예요. 근데 서울 사무실 정리하면서 돈이 조금 남았나 봐요. 그래서 그걸로 집을 얼른 하나 사서 거기를 진짜 혼자서 청소하고 혼자서 도배

하고, LED 조명 다 갈고, 콘센트 다 갈고, 다른 분들이 기증해 준 냉장고, 가스레인지 그런 거가 안에 자리 잡고 있고…. 그래서 8반 엄마들, 아빠들은, 거의 아빠들이죠, 아빠들이 모여서 술 한잔 먹으면서 아이들 얘기하고 [그러고 있어요]. 식당에서 얘기하면 큰 소리로 얘기를 못 하잖아요? 세월호에 관한 그런 얘기들을 쉽사리 못 꺼내고 하니까, 거기서는 그냥 1층이라 담배 피는 사람 왔다 갔다 하고, 술 편안하게 먹고 그렇게….

면담자 　어머니도 종종 모임하거나 그러면 좀 가세요?

진혁 엄마 　저는 사표 쓰고 싶어도 못 쓴다니까요, 술안주를 해줘야 돼서.

면담자 　요리도 잘하시죠, 어머니?

진혁 엄마 　예. 쪼끔 해요, 쪼끔.

면담자 　요리를 배우시거나 하셨나요?

진혁 엄마 　그런 거는 없었어요. 그런 거는 없고, 그냥 관심이 있는 거죠.

면담자 　들으면 들을수록 아버님이 너무 복이 많으신데요?

진혁 엄마 　그 말 다음에 꼭 해주세요(웃음).

3
전교 학생회장 선거에 나간 진혁이 그리고 학교 일에 참여한 경험

면담자   진혁이 키우실 때 관련해서 여쭤보겠습니다. 초등학교 때 기억나는 에피소드가 있으신가요?

진혁 엄마   초등학교 때요? 그닥 에피소드보다는 한 가지는 있었어요. 고잔초등학교가 바로 여기잖아요? 아빠도 고잔초등학교 졸업생이에요. 근데 전교 어린이회장 출신이었어요. (면담자 : 아빠도요?) 네, 근데 제가 학교 일을 했었어요. 학교 운영위원회도 하고 했었는데 우연찮게 6학년 무렵일 거예요, 무슨 말을 하다가 "전교 어린이회장을 누구 뽑나?" 뽑는다고 그랬나 봐요. 그래서 내가 그냥 우스갯소리로, 둘이서 밥 먹으면서 아마 그랬을 거예요. 누나랑 이렇게 셋이서 밥 먹으면서 우스갯소리로 "너도, 어린이회장 뽑으면 너도 한번 해봐. 아빠도 어린이회장 출신인데 아들도 못 하란 법 없잖아? 해봐" 그냥 웃듯이 넘어갔어요. 근데 담임선생님한테 전화가 온 거예요, 어느 날. "어머니" 그러는 거야, "네" 그랬더니 "진혁이가 전교어린이회장 출마한다고 출마서를 썼어요" 그러는 거야. "네, 걔가요? 설마요" 그랬더니 "아니, 진짜 썼어요" 그러는 거예요. "그래요?" 그러고 나서 제가 학교를 한 달 동안 안 갔어요, 그거 투표 끝날 때까지. 개입될까 봐 안 갔어요, 진짜 안 갔어요.

안 갔는데 투표 날은 다가오잖아요? 아이가 물어보는 거예요. "엄마, 나는 공약을 뭐로 세워야 되지?" 그러는 거예요. 그래서 "다른 애들은 뭘로 세웠어?", "뭐를 해주고 뭐를 해주면은 그거는 엄마,

진혁 엄마 고영희

아빠들이 해주는 거지, 너 돈 있어?" 그랬어요, 내가. "너 돈 있어?" 그래서 "아니, 돈 없어" [그러길래] "그럼 네가 할 수 있는 게 뭐야?" 그랬어요. "인사 잘하는 거", "그러면 그거 해! 쓰레기가 없는 학교, 예의 바른 학교, 그야말로 장애우를 잘 챙기는 선배 아니면 동료, 학우 그런 걸 해야지, 네가 뭐 정수기를 설치할 수 있어? 너 돈 있어?" [하니까], 없다 그러더라고. 그래서 "나도 돈 없어. 네가 할 수 있는 걸 하는 거야. 엄마는 시계탑 세워줄 돈도 없어. 네가 할 수 있는 거해" 그랬더니 그 공약을 지가 말하고 결론은 친구들이 그걸 다 한 거예요. 선생님이 그 [전교 회장 선거] 앞날인가 전화가 또 왔어요, 한번. "어머님", "네?" 그랬더니 "진혁이가 회장은 나간다고 했는데 전혀 그 선거운동을 안 해요", "지금 뭐 해요?" 그랬더니 "운동장에서 축구하고 있어요", "그럼 다른 애들은요?" 그랬더니 "다른 애들은 엄청 열심히 하죠" [그러시더라고요]. 그러니까 진혁이는 놀고 다른 애들이 열심히 하니까 진혁이 친구들이 선거운동을 하고 다니는 거야, 걔는 안 하고. 무슨 배짱이었는지 모르겠어요. 그러고 나서 투표 날 중간쯤 했는데 "어머니, 진혁이 안 될 것 같아요"라고 전화가 왔더라고요. 그래서 "에이, 과정이니깐요. 괜찮을 거예요" 그랬더니 막판에 뒤집혔어요. 78표로 이겼더라고요, 막판에. 전교 어린이회장 했죠, 끝내는 하고 [말았던 거죠].

면담자　　　　대견하다 생각하셨겠네요?

진혁 엄마　　　대견하다고 했죠. 근데 제가 그랬어요. "넌 네가 원해서 회장이 된 게 아니고 네 친구들이 너를 회장으로 만들어준 거다"

제가 다 정보는 들었잖아요, 걔가 어떻게 하고 있다는 거를. "네 친구들한테 잘하라고", "엄마, 내 친구들한테 뭐를 어떻게 해야 되지?", "엄마는 돈 없어. 네가 알아서 해". 아마 그래서 그때 투표했던 애들한테, 반 아이들한테는 피자를 사줬나 뭘 사줬던 것 같아요. 고생했잖아요. 얼마나 고생했어요, 걔를 회장으로 만들기 위해서. 그렇게 하고 졸업하고 졸업 시즌, 졸업할 때 뿔뿔이였잖아요, 중학교가. 딸랑 혼자 부곡중학교 갔어요, 딸랑 혼자. 걔 울고 나 울고 대성통곡하고 울고, 그래서 다른 학부모들 같았으면 교육청 쫓아가서 난리 났대요. 근데 왜 그때 그 생각을 제가 못했는지, 아이 아빠가 안산 토박이잖아요, 아는 사람이 많잖아. 내가 가서 진짜 못되게 행패 부리면 저기 할까 봐 그래서 엄청 다독이고 달래고 해서 3년을 그리 보냈죠. (면담자 : 누나는 어느 중학교 갔어요?) 단원중학교. 그래 가지고 되게 단원중 아니, 부곡중학교 가서도 그나마 유해가지고 친구들은 또 많더라고요. 그래도 학교 일을 했어요, 왜냐면 내가 그 학교 자체를 모르니까. 원래는 중학교만, 초등학교까지만 하고 '일을 안 하리라'라고 했는데 할 수 없이 학교에 발을 담갔잖아요, 치맛바람보다는 그 학교에 대해 알고 싶어서, 선생님들의 성향에 대해 알고 싶어서, 부모들의 성향에 대해 알고 싶어서. 왜냐면 내가 알아야지 이 아이를 가르치니까.

면담자　　　학교 운영위를 오랫동안 하셨네요. (진혁 엄마 : 계속, 계속) 원래 외부 활동에 참여하는 것에 관심 많으셨어요?

진혁 엄마　　　아니요, 애 때문에.

면담자 　특별히 진혁이를 더 신경 써야 했던 것들이 있었나요?

진혁 엄마 　아니, ○○, 진혁이를 신경 쓰려고 그랬던 거죠, 걔를 신경 쓰려고 걔네들을. 누나를 하다 보니까 자연스레 동생까지.

면담자 　누나도 고잔초 다녔고요?

진혁 엄마 　네, 고잔초 나왔고 단원중 나왔고.

면담자 　고등학교는 어디 나왔어요?

진혁 엄마 　저기 미디어[안산디자인문화고등학교]. 저쪽, 본오동 쪽에.

면담자 　멀리 가게 됐네요?

진혁 엄마 　그거는 자기가 택해서. (면담자 : 거기는 지원해서?) 예, 패션 의상 디자인 그쪽으로.

면담자 　학교에 일 참여해 보시니까 어떠셨어요, 어머니?

진혁 엄마 　(속삭이며) 저하곤 안 맞아요. 저는 10원 하나 틀리면 안 되고, 교육청이나 이런 게 지침대로 하면 해야 되는 그런 건데, 이거를 이케 이케 돌리고 (웃으며) 안 맞아요. 엄청 싸웠어요.

면담자 　학교 운영위원회 하실 때도요?

진혁 엄마 　학부모들하고 많이 싸웠죠. 학부모들하고 의견이 대립이 되는 거죠.

면담자 　다른 분들은 융통성 있게 가자고 하셨던 건가요?

진혁 엄마 　네. 저는 그런 게 싫었던 거고, 하고 싶지 않았고.

면담자　　　학교 일 하면서 세상이나 사회가 돌아가는 걸 잘 알게 되셨나요?

진혁 엄마　　　세상이, 사회보다는 '아, 학교가 이런 데구나'라고 알았고, 그때 당시에는 사회까지는 모르고 '내가 돈을 벌어서 우리 아이들을 가르치고 그냥 시부모님하고 같이 잘 살면 되겠구나' 그거까지였지 그렇게 큰 폭까지는, 넓게는 [몰랐어요].

4
애교 많고 살갑게 엄마를 따랐던 진혁이

면담자　　　시부모님이 아이들 키울 때 많이 도와주셨나요?

진혁 엄마　　　우리가 출장 가고 그럴 때에는 그래도 어머님, 아버님이 봐주시니까, 애들 먹을 음식만 해놓고 가면.

면담자　　　계속 사업을 하셨던 거죠? (진혁 엄마 : 네) 사업도 하시고 학교 운영위원도 하시고 살림도 하시고 어떻게 다 하셨어요?

진혁 엄마　　　다 했어요. 모르겠어요, 어떻게 했는지. 지금 하라 그러면 안 할 거 같아. 지금 하라 그러면 못 해요, 나.

면담자　　　식구가 많아서 불편함을 느끼신 적은 없으세요?

진혁 엄마　　　그런 것도 있죠, 아이 옷 사러 갈 때도 걸리고, 뭐 어디 그냥 애하고만, 이렇게 애들끼리만 먹고 올 때도 걸리고…. 애들은 나 끌고 나가서 돌아다니는 거 좋아하는데 걸리죠, 솔직히 말해서.

면담자   뭐 하나 살 때도 그렇고요. (진혁 엄마 : 전부 다) 아이들은 할머니, 할아버지를 좀 잘 따르고 그랬나요?

진혁 엄마   지들 아쉬울 거 있으면 따르고, 그냥 전화를 많이 했던 거 같아요, 애들이 나한테. [면담하고 있는] 이 시간에도 이렇게 보면 핸드폰으로 "엄마, 나랑 게임 한 판만 해줘", 그때 한창 크아[크레이지 아케이드]가 유행했어요. "왜?" 지가, 자기들 게임하기 위해 나를 가르친 거야, 컴퓨터에 앉혀놓고 가르친 거야. 뭐 하면 포인트가 쌓이는 게 있잖아요, 하루에 다섯 번 들어오고 하면. 들어가서 그냥 있어만 달라는 거야. "엄마 일해야 되는데?" 했더니 "아니야, 엄마 들어가서 내가 초대할 테니까 들어와서 있기만 해" 이러는 거야. "왜?" 그러면 "오늘 뭐 있대", "알았어" 그러면 지 아빠한테 뒤지게 혼났어요, 일 안 하고 그거 하고 있다고, 애하고 같이 똑같이 하고 있다고. 그거 할려고 그러고, 그것도 있었어, 롤을 가르치려 그랬었어요, 저를 진혁이가. 근데 제가 안 했거든요. "그거 하면 안 좋대" 그래 가지고, 와우랑 롤이랑 가르치려 그랬었는데, "안 좋대" 그랬더니 "아닌데, 엄마가 배워야 나랑 같이 PC방 가는데"(웃음).

면담자   그게 몇 살 때쯤이었어요?

진혁 엄마   중학교 때도 그러고 계속 계속 그랬어요, 계속 나를 가르쳐야 된다고. 그래서 "아니야, 엄마는 그거 하나로 족해. 그냥 그거 니들이 해" 그러고, 진짜 아빠 모르게 가라고 [용돈] 주고. (면담자 : PC방에?) 응, "아빠랑 엄마랑 지금 어디서 가고 있는데 얼마 걸려. 너 빨리 집에 들어가 있어", 이거 다 비밀인데(웃음).

면담자   4살이면 누나하고 좀 터울이 있는 편이잖아요. 누나하고는 잘 지냈나요?

진혁 엄마   (한숨을 내쉬며) 잘 지낼 때는 무지 잘 지내죠, 싸워봐요.

면담자   4살 차이인데도 많이 싸우나요?

진혁 엄마   지 누나를 잡아먹으려 그래. 싸워봐요, 지는 장가가면 딸 안 낳는다고 그랬어요.

면담자   정말요? 누나를 보면서?

진혁 엄마   에, 딸 안 낳는다고 그랬어요. 한번은 너무 화가 나가지고 화장실에 둘 다 가둬놓았어요.

면담자   남매는 주로 어떤 거 때문에 싸우나요?

진혁 엄마   걔네들은 그냥 앉아갖고 토닥토닥하면서 얘기하다가 의견 충돌.

면담자   둘 성격은 어땠나요?

진혁 엄마   극과 극, 극과 극.

면담자   완전히 달라요?

진혁 엄마   오히려 진혁이가 애교가 더 많아요, 애교가 더 많아. 그리고 더 자상해요, 자상해. 큰아이 같은 경우는 숨기는 게 많아. 하고 싶은데 못 하고 동생을 시켜서 이렇게 돌려서 그런 게 있었어요, 약간 남자 같은 성격인 거? 둘이 바뀌었어요.

면담자   어머니한테도 살갑게 하는 쪽은 진혁이었나요?

진혁 엄마   진혁이. 누워 있으면 자기 아빠 출근하고 나면 항상 이불 속으로 들어와 있던 애가 [진혁이에요], 결론은 용돈 타려고. 용돈 타려고 "엄마! 엄마!" 하면서 "나 뭐 좀 해줘, 먹고 나가게".

면담자   어릴 때 진혁이가 특별히 아프거나 그런 건 없었나요?

진혁 엄마   그냥 감기, 감기.

면담자   남자애들은 많이 부러지고 하기도 하잖아요.

진혁 엄마   그거, 그거는 해보고 싶었대요. 항상 그래요, 제가. 치료받고 내가 깁스, 부러져서 저는 깁스를 한 게 아니고, 내가 한 번 반깁스를 한 번 한 적이 있어요, 쓰면 안 돼서 팔을. 테니스엘보 때문에 했는데 그거를 가지고 "나도 이거 한번 해보고 싶은데", "시끄러워" 내가. 둘이서 그렇게 [얘기한 적 있고], 크게 다치거나 그런 적은 없어요.

면담자   터울도 있고 사춘기 가면 갈등이 많이 생기잖아요. 엄마랑은 어땠나요?

진혁 엄마   갈등, 엄청 싸웠죠. 말도 안 해보고 용돈도 안 줘보고, 근데 용돈을 끊으면 안 되니까…. 엄청 싸웠어요, 애들이랑. 진혁이랑도 그러고.

면담자   진혁이도 중학교, 고등학교 가면서?

진혁 엄마   고등학교 가면서 그랬죠. 진짜 가슴 아픈 건 수학여행 가기 한 달 전에 둘이 대판 싸웠어요, 2시간 동안. 2시간 동안 너무 속상해 가지고 그래서 "엄마가 일단 이것까진 내가 미안해. 엄마가 이렇게 했던 건 미안해" [하고서] 둘이서 끌어안고 대성통곡하고 울었어요.

면담자   싸웠던 이유는 뭐였나요?

진혁 엄마   늦게 오고 공부 안 하고, 애들은 다 그러잖아요. 늦게 오고 공부 안 하고 거짓말하고.

5
자녀 교육에 대한 생각과 교육의 어려움

면담자   공부라든가, 아니면 예체능이라든가 아이들을 교육하는 목표가 따로 있으셨나요?

진혁 엄마   있었죠, 처음에는 공부였죠. 그래서 어머니 성향, 그러니까 학교의 성향, 엄마들의 성향을 알기 위해서 학교로 들어가서 일을 하기 시작한 건데. 처음에는, 중학교 1학년 때까지는 제가 공부 우선이었던 거 같아요, 공부. 그리고 "학생의 신분을 잃지 말아라. 본분을 잃지 말아라" 그게 먼저였는데, 진혁이 학교 가서 제가 뭐 배울 게 있었어요. 진로적성검사라고 그 프로그램이 있어서 제가 군포에 있는 대학교, 한신대학교가 아니고 무슨 대학교지? 성균관대가 아니고, 갑자기 생각이 안 나네요[한세대학교]. 거기 대학교 가서 진로적성검사를, 그 프로그램을 9시부터 5시까지 배웠어요, 일주일

동안. 진로적성, 우리는 그렇잖아요? 컴퓨터 만드는 사람이면 그냥 컴퓨터 기술자, 선생님, 의사, 간호사, 경찰 그렇게 나눠져 있잖아요? 근데 그게 아닌 거예요. 운동이면 운동, "아이들을 가르칠 때는 이렇게 가르치면 안 된다"라고 하면서 요즘은 진로 코칭이면 진로 코칭, 이렇게 그런 거를 배우러 가서 제가 느끼고 깨달았잖아요. 그래서 그거 연수를 받고 와서 잡월드를 가봤어요. 우리 애는 우리보다 먼저 갔다, 나보다 먼저 갔다 왔지만 저는 잡월드에 대해서, "어, 다녀오시니 어떻습니[까]?"라고 [하며] 적으랬는데 저는 솔직히 제 감정을 적었어요.

저는 "잡월드 별로입니다"라고 했어요. 왜냐하면 우리가 아는 직업만 체험을 할 수 있는 거거든요. 저는 그게 싫었어요. 그 직업이 아닌 직업이 더 많잖아요? 3D 업종 같은 게 너무너무 많은데 아이들이 접할 수 있는 거는 그거밖에 없잖아요? 아이들의 눈에는 이거잖아요? 곧 있으면 교사, 선생님이 없어지는 시대고 의사도 없어지는 시대잖아요. 분명히 진로 코칭에서는 내가 그렇게 배웠는데 잡월드에는 그거밖에 없는 거예요. 그래서 '아, 이거는 잘못된 부분이구나' 라고 해서 저는 거기다 솔직히 적고, 거기를 다녀온 후로는 "공부, 공부"보다는 "성적은 적당히 유지하되 네가 할 수 있는 거를 하자"라고 저는 했어요. "배우고 싶은 걸 배우자".

면담자 그래서 누나도 특성화고에 갔던 거죠?

진혁 엄마 네, "그런 거를 하자"라고 얘기를 했죠. "공부는 하기 싫다" 그래서, "학원도 가기 싫다" 그래서 학원도 끊고. (면담자 : 중학교, 고등학교 때?) 네. 성적은 급속도로 떨어지더라고요, 바닥을 치더라고요. 근데 솔직히 요즘 대학을 나와도 직장을 못 갖잖아요. 그래서 저는… 그냥 "이렇게, 이렇게 자랐으면 좋겠다"라고….

면담자   어머니 그 코칭 프로그램 연수받은 게 진혁이 몇 살 때쯤 일이에요?

진혁 엄마   중2 정도 된 거 같아요, 중2.

면담자   근데 어머니 그거 받으시기 전에도 누나 커가는 걸 보면서는 나름대로 뭔가 고민 좀 많이 하셨을 거 같아요.

진혁 엄마   했었죠, 그래서 그냥 그쪽으로 하고, 하고. "네가 하고 싶은 거 하자"라고 그랬었어요.

면담자   디자인은 하고 싶어 했던 거였어요? (진혁 엄마 : 네) 교육을 받고 나서 교육관이 만들어지신 거네요.

진혁 엄마   네. "놀고 싶으면 놀아라. 대신에 학생의 신분에서는 벗어나지 말아라"였던 [거죠].

면담자   그랬더니 학원 안 간다던가요?

진혁 엄마   "학원 안 간다" 그러니까 안 보내죠. 학원을 가서 내가 뭔가를 하나 배워 와서 그거에 성취감을 느끼면 괜찮은데, 억지로 가서 하는 거는 공부가 안 되고…. 요즘은 영어 학원을 가도요, 우리 예전에 공부할 때는 깜지처럼 [빽빽하게] 썼어요, 진짜. 근데 요즘 애들은요, 그냥 눈으로 딱 봐요. 진짜 눈으로 그냥 머릿속에 순식간에다 집어넣어요. 그다음에 시험 보잖아요? 100점 맞아요. 그다음에

뒤돌아서 집에 가잖아요, 다시 시험 보잖아요? 하나도 기억 안 나. 요즘은 초스피드로 딱 외워요, 쓰지도 않고 그냥 딱 보고.

면담자   단발적인 기억으로만 있는 걸까요?

진혁 엄마   네. 그리고 시험 보고 땅! 끝나면 잊어버려요.

면담자   자기 게 되는 건 아닌 거네요?

진혁 엄마   아닌 거죠, 그냥 그 순간을 모면하기 위해서. 의미가 없는 거죠. 그래서 저는 기술을 가르쳐보고 싶었고 "네가 하고 싶은 게 뭐냐?"라고 했는데 그때까지도 못 찾았었어요. "혁, 엄마, 모르겠다"고 "모르겠다"고, 아빠 회사 데리고 가서 아르바이트도 시켜보고 지가 "알바하고 싶다" 그래서 내가 아는 꽃집에도 소개시켜서 알바도 하게 해보고 했었죠. 왜냐하면 돈의 귀중함을 알아야 되기 때문에 그런 거는 시켰었어요. 그래서 "아빠 회사 물려받으면 되지" 그러더라고. 그래서 "너 전기 알아?" [물었더니] 모른대, "아빠한테 배우면 되지", "아니, 나는 너의 그러한 발상으로는 여기 회사에 취직시킬 수 없어 [그랬죠]".

면담자   아버님은 전기에 대해서만 배우고 한길로 사업을 키워오신 건가요?

진혁 엄마   물어봐 주세요, 무슨 과 나왔냐고. 토목과 (웃으며) 나왔어요, 토목과, 나무. (면담자 : 대학에서?) 고등학교만 나오셨는데 토목을 배웠는데 전기만 [하게 됐어요].

면담자   아버님께서 어떻게 그 일을 잡고 계속 키워오시게 된

건가요?

진혁 엄마   맞았나 봐요, 만들고 하는 게. 납땜하고 그러는 걸 좋아해요.

면담자   그래도 하다 보면 교육의 방법이나 방향을 남들하고 비교를 하게 되잖아요. 어떻게 생각을 정리하셨어요?

진혁 엄마   "내 아이만 바르게 이쁘게 크고 잘 성장해서 좋은 회사 들어가고, 회사 들어가거나 기술직을 하나 가지면 좋겠다"라고 생각은 했었[어요], 그 생각이었던 거 같아요. 다른 거는 없었어요. 솔직히 엄마들 만나면 위축은 들죠, 제가 위축은 들었죠. 그런데도 그냥 내 아이가 원하는 거니까.

면담자   할머니, 할아버지가 그런 거에는 개입하지 않으시던가요?

진혁 엄마   제가 애 때리는 거에만 개입했어요, 가끔 제가 매를 들었거든요. 근데 크면서는 매를 안 들었는데 얘기를 하면서 둘이 싸우죠, 억양이 높아지면서. 그때 그럴 때 개입하고, 다른 때는 뭐….

면담자   어머니 나름대로의 아이들하고 관계가 있는데, 어르신들은 그걸 싫어하시죠. (진혁 엄마 : 네, 그때가 제일 싫었어요) 힘드셨을 거 같아요.

진혁 엄마   그게 제일 힘들었어요. '어, 이 방향은 이건데', 그리고 내가 이렇게 이거 끝나고 이거는 하려고 했는데 이걸 못 하게 하니까는 속상했어요. 그 부분도 할머니, 할아버지는 누나를 더 이뻐했거든. (면담자 : 아들을 보통 이뻐하는데) 근데 좀 그랬었어요. 그래 가지고 그게 보여가지고 이렇게 보면, 진혁이가 되게 힘들어하고, "엄마, 할아버지가 나한테 이랬어" 그러면서 맨날 전화 오면 난 속상하지, 둘 다 이쁘게 봐주면 되는데.

면담자　어머니가 생각하시기에도 큰애를 더 예뻐하시는 거 같았어요?

진혁 엄마　예. 되게 속상해서, 진혁이 어쩔 때는 데리고 나가서 뭐 사주고. 걔는 없으니까, 큰애는 친구들 만나[러 나갔고], 이미 컸으니까 걔는 돌아다니고, 진혁이랑 돌아다녔던 데가 되게 많아요, 둘이서.

면담자　진혁이하고 어머니하고 잘 맞는 분위기였나 보네요.

진혁 엄마　지가 필요하면은 먼저 나가서 찜해놓고 나를 데리고 나가는 거죠, 사달라고.

면담자　주로 어디를 많이 다니셨어요?

진혁 엄마　중앙동, 중앙동.

면담자　어머니가 혼을 내실 때는 언제셨어요?

진혁 엄마　방 어지르는 것 가지고, 때리지 않고, 성적이 떨어졌을 때 혼내고. 그다음에는 일단 거짓말할 때, 제일. (면담자 : PC방 갔는데 안 갔다고) "안 갔다" 그러고, 분명히 친구하고 저기 지나가는 다른 사람이 저기서 봤는데. 〈비공개〉

면담자　　　용돈은 넉넉히 주셨어요, 어머니? 아까 알바도 시켜보셨다고 하셨는데?

진혁 엄마　　주고, 아빠 모르게 주고.

면담자　　　아빠 모르게도 주셨어요?

진혁 엄마　　애교 부리고 하면. 쓸 돈은 많잖아요? 근데 항상 용돈 기입장을 쓰게 했거든요, 저는. "쓸 만큼 쓰라"고 항상 적게 주면서 몰래 주는 거지, 내가. 그런 식으로 항상 했던 거 같아요.

면담자　　　어디에 돈을 제일 많이 썼나요?

진혁 엄마　　PC방, 노래방, 군것질, 돈 걷어서 밥 먹으러 가는 거. 노래방비도 두당 1000원이 아니에요. 사다리 타더만요. 5000원이었어요, 그때 당시 1시간에 애들은. 5000원, 3000원, 2000원, 1000원. 아니면 5000원이 있잖아요? 5000원, 3000원, 2000원만 넣어요. 그러면 5000원 노래방이잖아요? 그럼 나머지는 음료수 사고 팝콘 사고.

면담자　　　그거 어떻게 아셨어요?

진혁 엄마　　자기가 알려줘 가지고. 맨날 5000원만 달래요. "노래방비가 기본 만 2000원 아니냐?" 그랬더니 "아니야, 엄마. 우리는 낮에 가면 싸", "그런 게 어딨어?", "아니야, 5000원만 줘", "그거 갖고 돼? 안 될 거 같은데", "아니, 됐다니까 5000원만 주라니까", 더 주려고 그러는데도 "5000원만 줘", "알았어, 그럼 갖고 가" 그러면 "근데 어떻게 놀아?", "엄마, 우리 사다리 타서 놀아" 그러니까 옴팡 뒤집어쓰는 거지 한 사람이. 일고여덟 명 가가지고, 어쩔 때는 9시에 가.

이 사람[아빠] 회식 있고 거래처 직원들 만나고 그러면은 "어디야?", "어, 여기 어딘데 몇 시쯤 끝날 거 같애" 그러면 아들한테 문자 보내요. "아빠 11시쯤 온대, 그때까지 와". 〈비공개〉

6
아이 아빠 그리고 시부모님과의 일상

면담자   진혁이는 아버님하고 놀거나 이러지는 않았나요?

진혁 엄마   없었어요, 목욕탕 가라 그래도 안 갔어.

면담자   아버님이랑 성격이 안 맞나요?

진혁 엄마   그니까 아빠가 약간 무뚝뚝해. 그니까 내가 지 아빠랑 싸웠을 때 진혁이가 한 말이 있었어요. 아마 어디 기사에도 있을 거예요, 그 내용이. [내가] 싸워갖고 아빠랑, 그러면 진혁이가 그랬어, "엄마, 아빠는 원래 무뚝뚝하잖아. 엄마가 이해해". "니네 아빠랑 안 살 거야!" 그러면 "엄마가 이해하라"고 [그랬어요]. 장가 안 간단 소리는 안 해. "내가 장가가면 엄마 데리고 살게" 그래. 그리고 "왜 같이 살 거야?" 그러면은 "반찬 해주고 애 봐줘야 되니까". 결론은 그거였어요. "아니, 나 너랑 안 살아".

면담자   아버님이랑 부부 싸움도 많이 하셨나요?

진혁 엄마   많았죠, 엄청 많았죠.

면담자   근데 시부모님 계시면 마음대로 싸우기도 힘들잖아요?

진혁 엄마　　　그러니까 저는 조용히 하고 맨날 소리 지르는 사람은 진혁이 아빠였지.

면담자　　　아버님은 큰소리 지르시고, 어머님은 조곤조곤 말하시고?

진혁 엄마　　　아니요. 한 번 화나면 나도 소리 질러버리고.

면담자　　　그럼 너무 화나면 어떻게 하셨어요?

진혁 엄마　　　폭발할 때? 너무 화가 나면 우리 시어머니한테 얘기했는데, 우리 시어머니는 아들 편이더라고. 아들 편이에요, 시어머니는 시어머니야. "내가 왜 내 아들한테 책잡히냐?" 그거예요. 책잡힐 필요가 없다, 아무리 아들이 잘못한 건 알지만 정작 아들 앞에서는 얘기 안 해요. 아들이 잘못한 건 알아요. (면담자 : 뭐라 하거나) 전혀 [얘기] 안 해요, 전혀 그런 건 없어.

면담자　　　그럴 때는 서운하셨겠네요?

진혁 엄마　　　엄청 서운하죠.

면담자　　　어머니 편을 들어주거나 한 적은 없으시고요?

진혁 엄마　　　없으니까, 그러니까 옆에 있던 애가 없으니까 그래서 힘든 거지. 개만이라도 있었으면…. (면담자 : 사고 이후에요?) 응, 응.

면담자　　　화를 해소하는 방법이 따로 있으셨나요?

진혁 엄마　　　싸웠을 때? (면담자 : 집에서 나오신다든가) 나는, 나도 나갔었던 적이 있나? 회사에서 많이 싸웠던 거 같애. 집보다는 회사에서 싸우고 그냥 서울에 사무실이 있을 때 회사에서 싸우고 혼자 버스 타고 와버려. (속삭이며) 그리고 낮술을 마셔, 맥주 마셔 아는 애랑. 아는 애랑 맥주 한잔 마시고 저녁 하러 들어가.

면담자   출퇴근하시고 사업하실 때에도 식사를 어머니가 준비를 하셨어요?

진혁 엄마   제일 처음에 애들 먹여서 보내고 그다음에 우리 먹고, 그다음에 시아버지, 시어머니 드시고.

면담자   그러니까 하루에 거의 대여섯 번 밥상 차려야 되는 거 잖아요?

진혁 엄마   그렇게 해놓고, 그러니까 우리 먹고 시어머니, 시아버지 드실 건 놔두고 그냥 나와요. (면담자 : 저녁에는?) 저녁에도, 저녁에는 차려드릴 때도 있고, 애들만. 애들이 학원 갔다 늦게 오면 애들 해서 먹이고. 밤늦게 해서 먹인다고 맨날 혼났어, 나는. 애가 한창 크는데 배고픈데 (면담자 : 네, 밤늦게 먹는다고요?) 응, 시아버지랑 진혁이 아빠랑. 나는 막 얼른 볶음밥 해서 막 먹이고. 그러니까 그게 힘들었어, 맘 놓고 못 해주는 게.

면담자   가족끼리 여행 가거나 그랬던 적 있으세요?

진혁 엄마   애기 때는, 초등학교 그럴 때는 시어머니, 시아버지랑 한두 번 정도 가고 그다음에는 넷이 간 적은 없었나. 아, 해남 가고, [남해군] 호도 가고 몇 번은 있었던 거 같아요.

면담자   진혁이가 사고 있기 전에도 해남 가고 싶다고 했었단 얘기를 보았어요.

진혁 엄마   예, 고등학교 1학년 올라가서 여름방학 때죠. 그러니까 여름방학 때 짐은 우리가 싣고 가고 친구들 한 네 명 정도는 버스 타고. (면담자 : 진혁이 친구들?) 응, 버스 타고 자기네들끼리 온다고 진혁이랑 같이. (면담자 : 그럼 어머니, 아버지는?) 짐만 싣고 가고 지들끼리 버스로.

면담자   그럼 짐만 실어다 주시고, 거기서 친구들끼리 논다는 거예요?

진혁 엄마   지들은 해수욕장 거리가 차 타고 5분 거리거든요, 5분 정도 거리라. 그러면 텐트랑 갖다 놓으면 지들 놀고 우리는 집에 있고 그렇게 하자고 다 짜여 있었죠. 계획이 그렇게 짜여 있었어요. (면담자 : 2학년 여름에 하려고 했던 거예요?) 그렇죠, 2학년 여름에.

면담자   그 전에는 진혁이가 해남에 간 적은 있었어요? (진혁 엄마 : 있죠) 외할머니 만난 적도 있고?

진혁 엄마   있죠.

면담자   외할머니가 엄청 예뻐하셨을 거 같아요.

진혁 엄마   예, 그렇죠. 처음엔 몰랐어요, 사고 난지 [모르셨어요]. 근데 우리 작은엄마가, 내 작은엄마가 얘기를 했더라고. 그래 가지고 난리 났었지, "어뜩하냐"고, "어뜩하냐"고. 몰랐었어요. (면담자 : 말씀 안 하셨어요?) 응, "왜 애들은 안 데리고 맨날 니들만 오고 [하냐"고 그러셨어요]. 그때 당시 유가족들이 많이 해남 가서 자고 했거든요, 가까우니까 진도하고. 그래서 행사 있으면 거기 갔다가 할머니 잠깐 얼굴 보고 오는데 "왜 애들은 안 데리고 오고 자꾸 니들만 왔다 가냐?"고. "애들 여행 갔어", "저기 미국으로 학교 보냈다" 그렇게 얘기 했었죠.

면담자　　　아시고 엄청 놀라셨겠네요.

진혁 엄마　　　예, 그다음부터는 맨날 정부 욕하고 TV만 보면. "왜 욕을 하냐?" 그랬더니 "저년이 나쁜 년이라고. 저년이 나쁜 년, 나쁜 년이라고".

7
회사, 종교생활과 가족과의 일상

면담자　　　사고 전에 안산에서 활동이나 취미생활은 하셨어요?

진혁 엄마　　　사고? (면담자 : 전에) 사고 전에? 취미? 없었는데.

면담자　　　친구분들은 있으셨나요?

진혁 엄마　　　없죠. 거의 언니들, 학교에서 만난 언니들. 언니들하고 만나서 얘기하고, 이야기하고.

면담자　　　어머니가 좀 젊으신 편이죠?

진혁 엄마　　　예, 예. 난 뭐 했지? 기억이 하나도 안 나네, 큰일 났네. 나 뭐 하고 지냈는지 기억이 하나도 안 나는데요?

면담자   최근에 사무실 정리하기 전까지는 계속 안산에서 서울 사무실로 출근하셨던 거죠? (진혁 엄마 : 네) 회사에서는 어머니가 담당하시는 업무는 뭐였어요?

진혁 엄마   경리 업무였죠. 그 업무였는데 지금은 하라 그러면 못 해요.

면담자   지금은 아예 다른 일 하시는 건가요?

진혁 엄마   지금은 LED 판매, 안산 매장에서.

면담자   어머니 출근 안 하시면 아르바이트생을 쓰시나요?

진혁 엄마   여직원[을 안 두니까] 진혁이 아버님이 붙박이로 있어야 되는 거죠, 지금은.

면담자   어디 못 나가시고? 어머님 계시면 다니실 수 있고요? (진혁 엄마 : 네) 경리 일은 결혼 전에도 하셨던 일이셨나요?

진혁 엄마   결혼 전에는 거의 서비스업 쪽, 서비스업 쪽 그런 거를 좋아해서.

면담자   경리 일은 무조건 할 수밖에 없는 거니까 힘드셨겠는데요?

진혁 엄마   서류 정리하고 돈 보내고 해야 되니까.

면담자   아버님이 많이 의지하셨을 것 같아요.

진혁 엄마   모르겠어요(웃음). (면담자 : 그런 얘기하신 적 없나요?) 전혀 없어요.

면담자   월급은 따로 받으셨나요?

진혁 엄마   받아요, 돈 안 주면 일 안 해요. 처음엔 월급 안 줬구나, 나중에 줬구나, 법인 전환하면서 주식회사 법인으로 바뀌면서. 개인 사업할 때는 그냥 카드만 내서 쓰고.

면담자   법인이 되면 고용한 직원이나 이사나 이렇게 들어와야 되는 거죠?

진혁 엄마   네, 그렇게 들어가야 되니까.

면담자   부부 싸움 하셨을 때 여기 그만두고 다른 데 갈 수 있다는 생각은 안 하셨어요?

진혁 엄마   그냥 싸우면 무조건 나와가지고….

면담자   일단 먼저 와버리셨어요?

진혁 엄마   응. 가야 되니까 가는 거야, 일을 해야 되니까.

면담자   같이 회사 일 해서 좋은 점도 있으셨을 것 같아요.

진혁 엄마   처음에는 집에서 나가니까 좋았지, 집에서 나가니까 좋았고. 처음에는 그런 업무가 뭔지 몰랐으니까 저기 하다가 조금씩 조금씩 배워가고 배우다가 하게 되고 그랬는데, 욱하는 게 있어요, 진혁이 아빠가 욱하는. 그러면 그걸 못 받아쳐, 가버리고. 좋은 점? 해봐, 해봐 반반?

면담자   시부모님이랑 같이 집에 계신 걸 별로 안 좋아하셨나 봐요.

진혁 엄마   무료해요, 무료해.

면담자   그럼 할머니, 할아버지는 집에서는 어떻게 지내세요?

진혁 엄마   성경 책, 성경 책만 보시고 그런 거 같은데.

면담자   두 분 다 교회를 열심히 다니셨어요? 어머니는 어떠셨
어요?

진혁 엄마   저도 다니죠. 다 다녀요, 다 다녀요. 다! 다녀요.

면담자   아버님도 다니시고?

진혁 엄마   응. 아버님은 모태 신앙이고, 진혁이 아빠는.

면담자   아, 되게 독실한 집안이시구나. 어느 교회 다니세요?

진혁 엄마   단원고등학교 옆에 명성교회.

면담자   원래 거기 다니시고, 진혁이도 다녔나요?

진혁 엄마   네, 거기 다녔어요.

면담자   그러면은 지금도 매주 어머니 다니세요? (진혁 엄마 :
네, 가죠) 어머니 어릴 때도 신앙이 있으셨어요?

진혁 엄마   난 어릴 때 잠깐 다니다가 말았죠. (면담자 : 아버님 만
나면서?) 다시 나간 거죠.

면담자   연애할 때도 같이 교회에 가시고 그러셨어요?

진혁 엄마   아뇨, 안 갔죠.

면담자   그러고 보면 두 분은 결혼하시고 계속 붙어 있는 관계

가 되신 거네요.

진혁 엄마   응, 싸우면은 얼굴빛이 둘 다 싹 달라져요. (면담자 : 싸우면 어떻게 하세요?) 그냥 가요, 같이. 말 안 해요. 나는 내가 먼저 화해를 하는데, 아니 말을 거는데 답 안 해. 지금은 본인이 먼저 말해, 지금 내가 말 안 해. 바뀌었어요, 바뀌었죠. 배운 거지 내가 [남편한테] 배운 거지, 답답하면 얘기하겠지 [하고]. 얘기하더라고 필요하면. 회사에서도 그러면 그냥 업무적인 얘기만 해요, 업무적인 얘기 진짜로. 어디 납품할 거, 물건 구입할 거, 딱 그 얘기.

면담자   아버님은 답답하면 먼저 다른 얘기 하시는 거예요?

진혁 엄마   그냥 흐지부지 넘어가요(웃음).

면담자   냉전이 오래갈 수도 있잖아요, 어쩔 수 없이 오래 같이 있을 수밖에 없으니까 빨리 풀어지기도 할 것 같아요.

진혁 엄마   그런 것 같지는 않은데, 깊이 생각 안 해봐서.

면담자   사고 전에 뭔가 배우고 싶다거나 그런 생각하신 적 있으세요? 아니면 사회활동이나 뉴스에 관심이 많으셨다든지.

진혁 엄마   뉴스에도 전혀 관심 없었고 정치에도 그때는 아무것도 [관심이 없었어요]. 오직 애. '애만 잘되면 되겠구나' 그거밖에 없었어요.

면담자   진혁이 학교 다닐 때 어머니께서는 선생님들하고는 어떻게 지냈어요?

진혁 엄마   계속 소통은 했어요 제가, "아이가 이런 부분이 있으니까 조금만 봐줘라"라고 편지 같은 것도 쓰고. 우리 학교 부모 일하고 그러면 부모들이 선생님들한테 선물하고 그거는 금지였어요. 그래서 항상 저는 꽃다발, 책상에 놓을 수 있는 거잖아요? 그래서 꽃다발 같은 거는 여자분들은 그렇게 했었어요.

면담자   특별히 어머니 기억에 남는 선생님이 있으세요?

진혁 엄마   진혁이 6학년 때 선생님하고 중학교 3학년 때 선생님, 홍지현 선생님, 제일 기억이 나죠 홍지현 선생님이. 왜냐하면 그분하고, 진혁이 진로가 가장 중요했어요. 그래서 그분하고 얘기를 제일 많이 했어요, 얘기도 많이 하고 문자도 자주 주고받고 전화로 얘기도 많이 하고. 근데 그때 당시 진혁이는 학군을 바꿨어야 됐어요, 동군, 서군 중에 이쪽으로, 단원고등학교로 가기 위해서는. 부곡중학교였잖아요, 학군이 달라요. 근데 선생님하고 저는 학군을 안 바꿨으면 했어요. 왜냐면 그쪽으로 새로 생긴 학교가 부곡고등학교가 있는데 선생님들이 좋으신 분들이 너무너무 많다는 거예요. (면담자: 그렇게 알려져 있었어요?) 네, 네. 그래서 "바꾸지 말고, 어머니, 저는 진혁이가 진짜 바로 잡기 위해서는 저 학교로 갔으면 좋겠어요"라고 했어요. 그런데 진혁이는 자기가 "버스 타고 다니는 게 너무너무 아침에 힘들었다[면서], 2, 30분 더 잘 수 있었는데 못 잤지 않았냐" 그러면서 단원고등학교를 원했어요. 그거에 대해 고민을 되게 많이 했어요.

면담자   선생님하고 어머니하고 얘기 많이 나누셨어요?

진혁 엄마   네, 되게 고민을 많이 했어요. "진혁이를 잡아주기 위해서는 그 학교가 낫다, 단원고등학교보다는". 왜냐면 그때 당시 단원고등학교도 괜찮았지만 점점 들리는 얘기로는 그랬기 때문에, "그래도 선생님들이, 바로 선 선생님들이 있어야 되지 않겠냐"라고 했는데 "여기 학교가 괜찮다"라는 소문이 있어서 진짜 쓰기 일주일 전까지도 되게 고민을 많이 했는데 진혁이가 써 왔더라고 착하게, "단원고등학교를 가고 싶다"라고 하더라고. 그래서 (한숨을 내쉬며) 그때 생각하면 후회해요, '차라리 내 고집대로 밀고 갈걸, 내가 욕을 얻어먹을망정 애한테 원망을 들을망정…'. 근데 그것도 있어요, 원망을 들었더라도 살아 있었어도, 물론 살아 있는 거에 감사해야 되지만 그 아이도 진혁이도 충격을 받았을 거 같아요, 너무너무나 많은. 왜냐면 초등학교 때 같이 생활했던 아이들이기 때문에 중학교 동네 애들 만나고 그랬기 때문에, 그때 참 그 선생님도 가끔, 지금[은] 문자가 안 오는데 그래도 가장 기억에 남아요, 진혁이 진로, 학교 문제로 상담 가장 많이 했고. "난 선생님, 진혁이가 이렇게 했으면 좋겠는데 이래요"라고 하면 선생님이 불러다가 얘기도 한번 해주시고 그래서 가장 기억에 남아요.

면담자   여러 가지 고민이 얽혀 있었던 것 같아요. 어떤 고민을 하셨나요?

진혁 엄마   〈비공개〉 "진짜로 학교는 잘 선택해야 되겠다" 근데 애가 친구가, 그렇게 친한 마음을 연 친구가 없다 보니까 (면담자: 부곡중 가서?) 네. 그래서 "그래도 나는 엄마 여기 가고 싶어, 가고 싶어" 계속해서 그 얘기를 해서 그 아이의 존중을[의견을 존중해서] 그냥 들어줬던 게….

면담자   같이 어울려서 많이 놀았던 친구들은 동네 친구들인 가요?

진혁 엄마   동네 아이들이고, 학교에서는 부곡중학교인데, 부곡 중학교 애들도 많아요, 되게 많아요. 걔가 이렇게 저기 하고 그런 성격이 아니라 사회생활은 좋아요, 아빠 닮아서 사회성 그런 거는.

면담자   진혁이가 단원고를 가기로 결정한 가장 큰 이유는 뭐라고 생각하세요?

진혁 엄마   잠, "버스 타는 게 힘들었다".

8
첫 수학여행을 기대했던 진혁이

면담자   진혁이는 수학여행 준비 때문에 사달라고 한 게 있었나요?

진혁 엄마   많았죠. 트레이닝복부터 해서 카메라, 가방이 하나 있으니까 등등등. 카메라를 가져오라 그랬는데 애 아빠가 못 가져왔고, 근데 예전에는 핸드폰 하면 에그[휴대용 와이파이]가 있었잖아요? 그건 내가 쓰던 게 있어서 이거 여섯 명인가, 일곱 명까지 되는 에그여서 그거 들려 보내고, 짐 챙기면서 혹시 모르니까 두꺼운 옷 한 벌

진혁 엄마 고영희

만 챙겨주고…. 왜냐하면 제주도가 극과 극이잖아요, [안산과] 방향이. 그래서 그렇게 챙기고 운동화도 두 개 가져갔던 거 같아요. 운동화 두 개, 슬리퍼 하나. "왜 운동화 두 개 가져갈 거야?", "산에 올라갔다 오면 발에서 냄새나니까". 깔끔해요. "그러자" 그래서 하나를 더 샀어요, 운동화는 하나를 더 사고 하나는 기존에 있던 거. 둘이서 준비를 많이 하러 다녔죠.

면담자   물품이 많아서 며칠에 걸쳐서 쇼핑을 했어야겠네요?

진혁 엄마   예. 나가서 그냥 한두 개 사 오고, 둘이서 토요일이나 주일날 예배 끝나고 사 오고, 챙기고 내가 최종 점검하고 그런 식으로. 그래서 나눴다가 "뭐 필요해?" 그러면 티 같은 거 사러 가고, 그 안에서 제일 비쌌던 게 트레이닝복이었던 거 같애.

면담자   한 벌짜리 그것도 새로 샀어요?

진혁 엄마   예, 그거 사주고. (면담자 : 많이 설레어했나 보네요?) 그랬죠, 되게 많이. 왜냐하면 친구들하고 친구들 집에서 잔다고 해도 제가 반대를 했거든요. (면담자 : 왜요?) 술 마실까 봐, 그런 사고를 칠까 봐, 그래서 "안 된다" 항상 잘랐어요. "들어와라, 차라리 걔네들을 우리 집에서 재워라".

면담자   갈등이 있었겠어요. 진혁이 입장에서는 답답하다고 생각했을 거 같은데요?

진혁 엄마   그렇죠, 근데 아빠가 "안 돼!" 그러면 나는 전달을 해야 되잖아요. 그래서 되게 설레어했던 거 같아요, 수학여행 가는 거.

왜냐면 개네들 세대가 신종플루 때문에 수학여행을 못 갔었어요, 초
등학교 때. 그리고 중학교 때도 뭐 때문에 못 갔었어요. 중학교 때
갔었나? 기억이 안 나네. 못 갔던 거 같아요. 그래서 처음이었어요,
진혁이한테. (면담자 : 수학여행을 가는 거 자체가요?) 네, 수련회를 가
는 거는 있었지만 수학여행을 가는 거는.

면담자　　　제주도는 진혁이가 갔다 온 적이 있었어요? (진혁 엄마 :
없었어요) 정말 설렜겠네요.

진혁 엄마　　　그죠.

9
단원고 진학 이후 진혁이와의 일상과 장래 희망

면담자　　　단원고 갔을 때도 학교 운영위원에 참여하셨나요? (진
혁 엄마 : 안 했어요) 왜 안 하셨어요?

진혁 엄마　　　하지 말라 그래서. (면담자 : 아버님이요?) 아니, 애가
가까운 데 있으니까 안 해도 된다고, 엄마 돈 쓴다고. 돈 쓰긴 쓰죠,
학교 일을 하면. 돈 쓰지 말라고.

면담자　　　중학교 때 학교 운영위원 하면 몇 번씩은 학교로 왔다
갔다 하셨겠네요?

진혁 엄마　　　그죠, 도장도 찍어주고 해야 되니까. (면담자 : 회의도
같이?) 네, 회의 진행도 해야 되고.

면담자   단원고에선 운영위원 안 해도 괜찮겠다 싶으셨나요?

진혁 엄마   후회했죠, 상황이 흘러가는 거 보고 후회 무척 [많이 했어요]. (면담자 : 사고 이후에요?) 예, 진혁이 아빠도 하지 말라 그랬고 애 학교 가까운 데 갔으니까. 그래도 2학년 올라가서는 '내가 할까?'라고 생각을 많이 했어요. 언니들이 "너 들어와라, 들어와라" 계속 그래 가지고 [그리 권]했는데도 제가 원체, 아이 아빠가 "아니야, 하지 마. 그냥 쉬어", 진혁이도 "이제 그만 와. 내가 알아서 잘 할게, 괜찮아"라고 얘기해서 "진짜 잘할 수 있어?" 그랬더니 "어" 그러더라고요. [그래서] "믿어볼게" [했지요].

면담자   가까운 학교 가니까 진혁이가 편해진 게 있었어요?

진혁 엄마   진혁이 편하죠, 조금 더 자고 여유가 있으니까.

면담자   1학년 때 입학하고 나서는 특별한 일은 없었나요?

진혁 엄마   특별한 일은 없었어요, 중학교, 고등학교 때는 그냥 친구들하고 그러고, 미팅 한다 그러고, 소개팅한다 그러고. 그래서 "너 마음에 들었어?" 그러면 "아니", "근데 집에 왜 데려다주고 왔어?", "엄마가 여자는 밤길이 위험하니까 항상 데려다주고 오라며?", "아니, 너 사귀었을 때지", "아니", 그래도 아니래, 그거는 아니래. 하여튼 잘못 가르쳤어, 내가. 성교육을 잘못 가르쳤어. 데려다주고 12시에 들어오고 지는 디지게 혼나고, 아빠한테. "야, 너 근데 어제 왜 늦었냐?" 그러면 지가 얘기를 하는 거야.

면담자   그것도 어머니한테만 얘기하는 거죠?

진혁 엄마   네. "이랬어, 엄마" 그러면 "마음에 안 들면 그냥 코코아 한 잔 먹고 헤어지는 거지", 데려다주고 지는 버스 타고 오고(한숨). "네 아빠 아들 맞다" (면담자 : 아버님도 그러셨어요?) 그런 스타일, 그런 스타일이에요.

면담자   연애할 때 많이 위해주셨나요?

진혁 엄마   연애할 때만, 연애할 때만. 〈비공개〉 연애할 때만 챙기고 딱 [결혼]하니까는 다른 여자부터 챙기던데(웃음). 자기 친구들부터 딱, 내가 진혁이한테는 "절대 그러면 안 된다", 그건 나쁜 짓이라고.

면담자   연애 기간이 어느 정도 되셨어요?

진혁 엄마   좀 짧았어요, 한 1년? 1년? 내가 그래서 진혁이한테는 "넌 절대 아빠처럼 하면 안 된다, 아빠를 닮으면 안 된다".

면담자   고등학교 가고 나서는 진혁이 진로 고민을 하셨을 것 같아요.

진혁 엄마   했죠, 성적이 원체 떨어져 버리니까. "대학 갈 거야?" 그랬더니 "아, 가야 되나?" 그러더라고요. 그래서 요즘 사회를 보면 가야 되는 거고, 엄마가 봤을 땐 네가 기술을 배웠으면 좋겠고, "과학기술대가 가고 싶다"고 그렇게 되어 있더라고요. 근데 과학 쪽 분야에는 관심은 있었어요. 애가 과학 쪽으로는 관심이 있어서 그렇게 했는데, "보자"라고 했는데, 1학년 때도 기술을 그렇게 "배우자, 배우자" 그랬는데도 "싫다"고 "싫다"고 그래 가지고…. 그때 당시에 단원고등학교에서 중장비를 가르치는 프로그램이 있었어요, 무료로. "자격증 하나만 따라" [말했더니] 싫다는 거야. 지는 친구들하고 놀아야 된다는 [거야], 토요일, 일요일이니까. "그래, 그럼 2학년 때도 [프로그램이] 나올까?" 그랬더니 2학년 때는 없어졌어요. 그러면 대학은 간대, 공부는 안 해, 친구들하고만 놀아. 외모에 관심만 많아. 맨날 집에 오면 요러고 있어요, 여드름이 났으니까. 항상 제가 "여드름 났을 때는 이마가 청결해야 돼"라고 말했는데, 그래선지] 항상 내 머리띠를 갖고 넘기거나 아니면 내 거 고무줄로 갖다가 이렇게 묶어놔.

그 묶인 사진이 어딘가에 있을 텐데, 집에 오면 항상 그렇게 있었어요. 그래서 스킨, 로션 사주는 것도 되게 예민하게 제가 사줬거든요, 여드름이 너무 많이 나가지고. (면담자 : 언제부터 여드름이 많이 난 거예요?) 중학교 3학년 때부터, 중학교 1학년 때부터는 항상 내가 머리를 집에 오면 이렇게 해줬죠. 왜냐하면 여기에 땀이 많이 차니까 제일 먼저 나는 게 이마 부분이니까. 스킨, 로션 항상 신경 써서 해주고, 그때는 조금 조금씩 들어가더라고요. (면담자 : 고등학교 가서는 외모를 더 챙기겠죠?) 외모에 신경 무지하게 쓰죠. "엄마, 나 매직을 좀 한번 해볼까?" 머리가 반곱슬이에요, 살짝 반곱슬. "매직을 하는 게 좋아?" [하고] 내가 그랬어요, "하긴 해. 근데 진혁아 있잖아, 지금 네 머리 스타일에서 자연스럽게 이렇게 넘어가잖아? 매직을 하면 너 이거 계속해야 돼. 그리고 네 스타일이 안 나와, 드라이를 해도 네 머리 스타일이 안 나올 거야". "그래? 그러면 안 할래" 그러더라고요. 그리고 방학 때는 내가 머리 염색을 해줬어요, 온 집안 식구들한테 욕을 얻어먹어 가면서. 방학 시작되면 탈색을 하거나 빨갛게 염색을 하거나 노랗게 염색을 하거나 항상 해줬어요. 둘 다, 둘 다.

면담자　　　누나도요? 애들은 되게 좋아했겠네요?

진혁 엄마　　해주고, "해야 된다. 얘네들이 나가서 밖에서 사고 치느니 내가 해주는 게 낫다"[라고 하면서요]. 할머니, 할아버지, 아빠는 어우, [기가 막혔죠]. 잘못한 건 '귀도 좀 뚫어줄걸', 귀 못 뚫어준 게 한이에요. "귀 뚫고 싶다" 그랬거든.

면담자　　　애들이 먼저 하고 싶다고 얘기해서 염색을 해주신 건가요?

진혁 엄마　　하고 싶어 하니까, 근데 '자기들이 가서 그냥 맘대로 자기 친구들끼리 하느니, 내가 약 사다가 내가 해주는 게 낫겠다' 싶어서 내가 해주고, "물 덜 빠진 것 같다" 그러면 더 빼주고. 방학 하루 남겨놓고 염색시키고 검정색으로 다시 원상 복귀시켜 주고.

면담자　　　다른 가족들은 잔소리하시고?

진혁 엄마　　맨날, 맨날 혼났어요. "염색하면 시력 나빠지는데 애들을 갖다가 애들답게 키워야지", 저거 해준다고 엄청 소리 들었죠. 난 해주고 싶어 하고, 일단 교회 다닌다고는 하지만 술 한 잔씩 먹으면 진혁이는 항상 맥주 한 잔씩 홀짝홀짝 뺏어먹었거든요. "엄마, 어디야?", "엄마 어디 있는데" 그러면 와요. 그면 아는 언니들이랑 앉아 있으면, 맥주 이렇게 따라져 있으면 맥주 홀랑 한 잔 마시고 나가. "야! 그럼 곤란해" 그랬었어요.

면담자　　　진혁이랑 어머니랑 친구처럼 잘 맞으시나 봐요.

진혁 엄마	엄청 싸웠어요, 싸우면서 정들었나 봐.
면담자	진혁이하고 어머니하고도요?
진혁 엄마	엄청 싸웠다니까요, 공부 문제로, 거짓말하는 문제로,

지각하는 문제로. (면담자 : 마음을 내려놓으시지는 않았나요?) 클수록 못 놓죠, 다른 사고 칠까 봐. 요즘 하도 애들이 성장이 빠르잖아요? 근데 성교육 하나는 진짜 잘 가르쳤던 거 같아, 내가 대놓고 가르쳤으니까. 걔는 진짜 강아지 새끼마냥 졸졸졸 따라다녔어요. 중학교? 6학년 때였나 보다, 초등학교 6학년 그때 화장실까지 따라 들어왔었으니까, (면담자 : 누가요?) 진혁이가. "나가"라고, "너 나가"라고 그래도 들어와 가지고 있는 거야. 그래서 그냥 화장실 따라 들어온데[들어왔는데], "나가"라고 그랬는데 따라 들어온 거야. 그날이 그[생리]날이었거든. 그러니까는 변기에 충격받은 거야. 그래서 '아, 설명을해야 될 때가 왔나 보다' [생각하고서] 설명 다 했어요. "여자들은 이렇게 되면 여자가 되는 거기 때문에 조심해야 된다, 함부로 가슴을쳐서도 안 되고 엉덩이를 때려서도 안 되고, 발로. 특히 누나한테도그러면 안 된다" [하고 가르쳐줬어요]. 누나한테는 맨날 발로 뻥뻥 찼거든. "누나한테도 그러면 안 된다. 누나도 여자다. 누나가 아니고여자다. 절대 가슴을 밀거나 엉덩이를 발로 뻥뻥 차거나 하지 말아라. 그리고 이때부터 여자는 보호해야 된다. 그리고 네가 여자 친구를 사귀더라도 손을 잡으면 안아보고 싶고, 안으면 뽀뽀하고 싶고그게 정상이다. TV 봐서 알지?" 내가 그러면서 얘기를 하지. 고개는끄덕하더라고요. 그때 앉혀놓고 내가 설명을 했어요. 충격을 받았으

니까 어떡해, 설명을 해야지. 그러면서 얘기를 했더니 다음부터 더 피곤해지기 시작한 거야.

면담자   계속 물어보는 거예요?

진혁 엄마   아니, 밤만. 내가 어디 나가면 따라 나오는 거야, 여자는 보호해야 된대. "난 여자가 아니고 엄마야. 엄마니까"[라고 해도] 아니래, 여자는 보호해야 된대. 그러더니 그런 거예요, 밤늦게 여자 친구 소개, 여자 친구도 아니지만 소개팅을 해도 데려다주고 오고, 지[가] 오고. 그런 상황까지 이르른 거지. 〈비공개〉

면담자   어머니는 대학을 보내야겠다고 생각하셨나요, 아니면 기술로 취직시키려고 생각하셨나요?

진혁 엄마   자기가 원하는 것, 나는 본인이 원하는 거. 기술이 하고 싶으면 기술을 가르쳤고 아니면 대학을 보냈고. 근데 대학을 가더라도 대학의 이름을 얻는 게 아니고, 진짜로 자기가 해서 사회에 나와서 할 수 있는 대학교로 가야지. 갈 수 없으면 나는 안 보내고 싶었지.

면담자   어머니도 공부하거나 대학을 다시 가보고 싶다는 생각은 하지 않으셨나요?

진혁 엄마   잠깐, 아주 잠깐. 지금은 안 해요. 힘들어요. 그 플로리스트 자격증 따는 데 힘들었어요.

면담자   힘드셨을 거 같아요. (진혁 엄마 : 힘들어요) 꽃에 대해서 시험 보는 거죠?

진혁 엄마　　　꽃만 해요? 뭐 정의가 어쩌고, 어쩌고저쩌고 다 잊어 버렸네. 뿌리도 알아야 되고 꽃잎도 알아[야 되고], 과학도 나와요, 엽록소니까 그 분야가 쪼끔 나오고 수학, 미술 부분도 나오고. 바로크 미술부터 해서 그런 부분도 나오고, 꽃의 정의에 대해서 그런 것도 나오고, 나와요.

면담자　　　꼭 대학 가는 게 필요하다고 생각하지 않으셨겠네요.

진혁 엄마　　　저는 안 했어요. 왜냐면 솔직히 우리 대한민국은 그렇잖아요, 그냥 대학은 타이틀이잖아요, 대학은. 그리고 지방대 나와도 그건 대학이 아니잖아요. 수도권에 있는 대학 몇 군데만 쳐주잖아요. 차라리 기술, 정 안 되면 지 아빠 밑에다 넣었겠죠.

면담자　　　진혁이도 그런 생각을 했었나요?

진혁 엄마　　　"아빠 회사 가면 되지" [그랬지요].

면담자　　　그걸 언제부터 얘기했었나요?

진혁 엄마　　　고등학교 때부터.

면담자　　　아빠에 대한 진혁이의 생각은 어땠다고 생각하세요? 존경한다든가, 무서워한다든가.

진혁 엄마　　　아빠에 대한 생각? 존경하는 마음이 있었어요. 무서운 것도 있지만 존경도 있었어요. 왜냐면 항상 학기 초기에 적잖아요. 리스트 같은 걸 적을 때 "엄마 우리 빚 있어?" 그러면 "아니" (면담자 : 그런 것도 학교에서 적나요?) 적었었어요. 하다가 "엄마, 이거는 뭐고?" 물어보죠. 갑자기 한번은 물어보더라고, 그래서 "이래 이래 하지" 이랬더니 "아빠 대단하다" 그러더라고요. "응, 니네 아빠 대단하지". 저는 항상 애들한테 그랬던 거 같아요. "아빠 먼저, 아빠 먼저. 아빠 무시하지 말아라. 아빠가 없으면 니들도 없다", 항상 그렇게, "아빠 무시하지 말아라. 아빠한테 막 하지 말아라".

면담자　　　어머니가 그렇게 말씀하시니까 자연스럽게 그렇게 됐겠네요. 잠깐 쉬었다가 4월 15일부터 여쭙겠습니다.

2회차

2019년 2월 27일

1
시작 인사말

면담자　　　본 구술증언은 4·16 사건에 대한 참여자들의 경험과 기억을 기록으로 남김으로써 이후 진상 규명 및 역사 기술에 기여하고자 합니다. 지금부터 고영희 씨의 증언을 시작하겠습니다. 오늘은 2019년 2월 27일이며, 장소는 안산시 단원구 4·16기억교실 교육장입니다. 면담자는 김아람이며, 촬영자는 강재성입니다.

2
수학여행 간 이후부터 참사 소식을 듣기까지

면담자　　　15일 아침에 진혁이가 나가는 거 보셨나요?

진혁 엄마　　　아침에 봤죠. 아침에 밥 먹고 가방 싸서 뒤도 안 돌아보고 "간다!" 하고 갔어요, 뒤도 안 돌아보고. "야! 잘 갔다 와. 선생님 말 잘 듣고, 딴짓하지 말고", "알았다고!" 그러고 가버렸는데 그게 다야, 그게 다.

면담자　　　문자는 계속 주고받으셨다고 들었는데요.

진혁 엄마　　　네, 그러니까 안개가 끼었잖아요? 그때 당시 진혁이 아빠는 다른 데, 포천[에] 납품[하러] 갔었어요. 나는 안산에 있는 아는 언니랑 맥주를 한잔하고 있는데, 아무리 봐도 배 탈 시간이 지났는데 애한테 [연락이] 안 오니까, "야, 아들. 넌 배를 탔으면 문자 좀 보내지?", "엄마, 아직 안 갔어", "왜?", "안개 끼어서, 대기 중이야", "그래? 안개 많이 끼었어?", "응, 엄마, 엄청 끼었어", "근데 왜 대기 중이야? 집으로 오면 되지", "대기하래". 계속 그런 식으로 하고 있는데 "엄마, 이제 배에서 밥 먹는대", 준비됐으니까 밥은, 저녁은 줘야 되니까. "그래, 알았어. 그럼 밥 맛있게 먹어". 이따가 "엄마, 밥 다 먹었어". 이따가 8시 정도였나? "엄마, 배 출항한다고 배 다 타고 뭐한다고 그러네", 그럼 "그래?" [하고 말았죠. 근데] 그런 게 어딨어, 그전의 내용은 교감이랑 임원진들이랑 선생님이랑 회의를 했대요. "배를[배가] 가야 되냐, 말아야 되냐" 그랬더니 몇 명 아이들의 엄마가, 어떤 분이 그랬다는 거야. 아마 선사, 선박 측인지는 모르겠어요.

어떤 분이 그랬다는 거야, "야, 이거 니네 엄마, 아빠가 어렵게 번 돈인데 이거 니네 여기서 안 간다 그러면 돈 안 돌려준다"고 그런 얘기를 했다고 그러더라고요. "그런 게 어디 있어? 오면 되지" 그랬는데 "엄마, 배 출항한대. 간대" 그러는 거야. "엄마는 안 갔으면 좋겠는데". 이제 그때부터 불안하기 시작한 거야, 계속. 고객하고 만나고 있는지 아는데도 진혁이 아빠한테 나는 계속 전화하고 문자 보내고. "난 안 갔으면 좋겠어. 어떡하지?" 그랬더니 "선생님들이 알아서 잘 하실 거야" [하길래] "아니야, 이건 아닌 것 같애. 아닌 거 같애" 내가 그랬지. 그랬더니 "선생님들이 계시니까 잘 알아서 하실 거야. 걱정하지 말어" 그러는 거야. 배 타고 출발한다고 그러고 있고 언니랑 나랑 계속 얘기하다가 그래도 불안하잖아요. 집에 들어갔어, 갔는데 "뭐 해?" 그랬더니 "엄마, 불꽃놀이 시작한대. 내가 사진 찍어서 보내줄게", "알았어" 그렇게 하고 12시 넘어서였나 봐요, 내가 전화를

했어. "너 뭐 하냐?"고 "불꽃놀이 끝나고 자라 그래서 잘 준비해" 그
게 마지막이 통화가….

면담자   전화로 했던 거였어요?

진혁 엄마   네, 전화로 마지막에 목소리 듣고 끊고, 나도 전화가
계속 오니까, 무음 상태죠, 전화기는. 무음인데 계속 뒤치닥 뒤치닥
하다가, 진혁이 아빠가 2시 넘어서 들어왔나, 3시 넘어서 포천에서
오니까 늦게 왔잖아. 그래서 그때 잠들고 있는데, 잠결에 이렇게 봤
는데 핸드폰이 계속 반짝반짝반짝하는 것 같애. '뭐지?' 하고 봤더니
아는 언니들이 카톡을 보냈어, "영희야, 너 괜찮냐?" [하고] 계속 보낸
거야. '뭐지?' [해서] 탁 열었는데, 네이버를 열었어요. "영희야, 너 괜
찮냐? 뭐 진혁이 배가 단원고가" 뜨는데 이상하잖아요? 그래서 네이
버를 얼른 열고 봤더니 그건 거야. 그때 당시는 아무것도 없어, 나가
자마자 TV를 틀고 아버지한테, 시아버지 깨워서 보라 그러고 나는
씻지도 않았어요, 모자 쓰고 옷 입고 혹시 모르니까 밧데리[배터리]
챙기고 핸드폰만 넣고 학교로 달린 거야. 진혁이 아빠 깨우고 "뉴스
좀 보라"고 "진혁이한테 전화 좀 하라"고 나도 전화를 하면서 막 달
려갔어요, 집에서 거까지, 학교까지. 어떻게 간지도 모르겠어요. 이
미 학교는 기자들로 더, 엄마, 아빠들보다 기자들로 더 꽉 차 있는
거지. "이거 어떡하지? 어떡하지?" 나는 혼자 가 있는 상태니까, 진
혁이 아빠는 "괜찮아, 괜찮을 거야. 괜찮을 거야"라고 계속하는데 안
되겠다 싶어, 아는 언니가 달려온 거야.
　　진혁이가 꽃집에서 아르바이트를 그때까지 하고 왔었으니까 그

언니가 와서, 일단 TV에는 다 된 상황이잖아요, 그게. "전원 구조됐다" 어쩌고 뜨니까 그 언니가 "일단 영희야, 그럼 집에를 가자. 가서 진혁이 옷을 챙기자. 내가 차를 끌고 갈 테니까". "알았어, 언니 잠깐만" 그러구 [집에 와서] 옷을 막 챙겼어요. "오빠는 집에 있으라" 그러고, 진혁이 아빠는 있으라 그러고 챙기고 언니가 해경한테 전화를 한 거예요. 해경에 높은 사람 친구니까 전화를 했어요. 논산인가 군산인가 거기 이따 전화를 했는데 "야, 누구야, 너 배가 침몰하는데 거기에 내 조카가 타고 있다. 전원 구조라는데 어떻게 되는 상황이냐? 얘기 좀 해줘라. 넌 어디냐? 넌 해군이니까, 해경이니까 빠르지 않냐?" 막 [부탁을] 했어요. 근데 "내가 금방 전화해 줄게" 그래 놓고 딱 그다음부터는 연락이 두절이 되어버려. (면담자 : 그 사람하고 완전히 아예?) 예, 안 받아, 고의로 안 받은 거죠. 왜냐면 "너, 개랑 무슨 사이냐?" 그랬더니 "내 조카가 그 배에 타고 있다"라고 얘기한 순간부터 그다음부터는, 왜냐면 높은 애니까 무궁화가 몇 갠데, 안 받죠. 받을 일이 없지, 받을 수가 없는 상황이에요.

3
진도체육관 도착 그리고 쓰러진 후 병원에서의 경험

진혁 엄마   그래서 갔어요, 언니가 운전하고 난 핸드폰 보고 뉴스 보고 전화받고 이렇게 했는데, 오빠가 전화가 와[서] 진혁이 아빠가 그러는 거야, "진도체육관으로 가" 그러는 거야. 그래서 "왜? 팽목항이 아니고?", "체육관으로 가. 애들이 체육관으로 온대, 영희야"라는 거야. "어, 알았어" [하고서] 진도체육관 다시 내비[내비게이션]를 찍고 언니가 [진도체육관에] 도착했는데 애들이 담요 쓰고 몇 명 있더라고요. 근데 나는 2학년 8반만 명찰을 애들이 [차고 있었는데] 어디서 누가 만들어줬는지 모르겠어. 이만한 명찰을 다 차고 있어. '2학년 8반 누구' [이렇게] 다 차고 있더라고. 거기에 생존자 아이 A라고 같이 배를 타고 갔는데 "너가 2학년 8반이냐?" 그랬더니 맞대. "우리 애들 진혁이는 어디 있니?" [하고 물었더니] "나 걔 몰라요" 그러는 거야. 근데 나머지 배가 온다 그랬는데 안 오는 거야, 차가 안 오는 거야. 그때부터는 바들바들 떨리지, 다리 힘이 풀리고. 그때에 쓰러져 갖고 병원에 실려 갔어요. 근데 진도병원인가 봐요. 진도병원인데 기자들이 "배에 탑승한 사람이에요?" [하고] 나한테 묻더라고. 아니라고 나 학부모라고 [답하니까] 탁 치더니 배에 탑승한 학생들이나 그 사람들 위주로 쫓아가는 거야. (면담자 : 인터뷰하려고?) 인터뷰하려고 여자애 하나를 잡았어. 잡아가지고 "배에 탑승했냐?"고 기자들이 서너 명이 붙어갖고 물어보니까 "했었다", "그럼 너 핸드폰은 가지고 나왔니?" 물어보는 거야.

핸드폰이 박살이 난 걸 내가 봤어, 그 와중에도. "이건데요" 그랬더니 "그러면 내가 이거 핸드폰 좀 봐도 되겠니?" [하고서] 가져갔어 기자들이, "열어봐도 되겠냐?"고 하면서. 걔네들이 뭘 알아? 보라 그러지. 그 기자들이 해서 뭔가를 핸드폰 지울 수도 있는 상황이잖아? 지금 와서 생각하면은, 그런 상황이었어. 5분 만에, 주사 맞았는데 이거 빨리 빼라고, 빼고 다시 나왔어요. 어떤 정신[으로] 나왔는지 몰라. 그래서 "나 진도체육관 가야 되는데, [뭐] 타고 가야 되냐?"고 그랬더니 119 오면 그 차 타고 다시 가시라고, 다시 잡아갖고 다시 갔어요. 거기를 갔는데도 아무리 기다려도 없는 거야. 나는 자꾸 까무러치니까 언니는 어떻게 할 수가 없[었고], 거기에 그때 당시 의사도 없었어요. 의사가 이렇게 군인복을 입은 사람들이 몇 명 자꾸 그렇게 되고 하니까…. 저녁에 진혁이 아빠가 출발을 했죠, 이건 아니다 싶어 가지고. 그리고 진혁이 아빠는 팽목으로 간 거야, 나는 체육관에 있고.

"영희야, 넌 거기 있어 그냥" 그러고 있는데 그때부터는 아무 기억, 아무것도 할 수 없는 [상태]? 그냥 "아이들이 탄 배가 들어와서 버스가 진도체육관으로 오겠지, 오겠지" 그거만 [기다렸어요]. 그날이 그렇게 길 줄은 몰랐어요, 16일. 그거만 보는 거, 기억이 하나도 안 나요. 사람들은 전화 오는데 전화도 받을 수가 없어. 왜? 화만 나는 거야, 짜증이 나고. 화만 나고 짜증이 나는, 구했다고 했으면 다 구했어야 되는데 어떻게 할 수가 없더라고.

면담자　　　　도착하신 게 몇 시쯤이었어요, 어머니?

진혁 엄마　　　3시 좀 안 됐어요, 거의 4시 정도? 3시 반. 자기 차를 타고 온 사람들은 거의 2시, 3시.

면담자　　　　왜 학교에서 마련한 버스가 아니라 자가용으로 가야겠다고 생각하셨어요?

진혁 엄마　　　가서 빨리 봐야 되니까, 빨리 가려고. 버스는 온다고 했는데 버스는 아직 없었어요, 그때 당시 9시 반, 10시 사이에 언니가 와서 "그냥 가자. 일단 내가 아는 데, 해경 아는 애가 있으니까 하자, 전화부터 하고" 그러면서 언니는 계속 가면서 전화 통화하고, 나는 계속 주저앉으니까 언니가 데리고 와서 차에 태워서 집에 들러서 옷을 챙긴 거죠, 왜냐면 옷이 젖어 있을 거니까.

면담자   학교에 가셨을 때는 정보나 이런 것이 전혀 없었나요?

진혁 엄마   그냥 기자들이 와서 "애가 살아 왔냐, 어쨌냐?" 그것만 물어보는 거예요. 그게 급선무인 거지, 기자들은. 그렇다고 해서 그렇게 정확하게 낸 것도 아니잖아요, 기사를. 그런 것만 물어보는 거예요. "몇 학년 몇 반이냐? 살아왔냐? 전화해 봤냐? 통화됐냐?" 그게 먼저니까.

면담자   어머니한테도 막 그랬어요?

진혁 엄마   예, 근데 "아, 냅두라"고, "지금 그게 문제냐?"고.

면담자   졸업식 했던 그 강당, (진혁 엄마 : 네, 그 강당 그대로) 처음에 상황을 설명하는 사람은 누구였어요?

진혁 엄마   학교 선생님이었나 누군가가 나가서 서 있긴 했는데 기억이 안 나네.

면담자   그냥 우왕좌왕하고 있는 상황이었나요?

진혁 엄마   예, 그 상황. 기자들은 와가지고 계속 붙잡고 학부모냐고 물어보고 그런 상황.

면담자   학교에서는 어떤 설명이나 어떻게 하면 된다거나 버스가 온다는 얘기는 안 들으셨어요?

진혁 엄마   네, 그 전에 나왔으니까. "전원 구조 다 했다"고 그러니까, 그게 뜨자마자 저는 나온 거였어요.

면담자   학교에서 설명하고 출발하게 되는 거는 그 후에 일어난 일이군요.

진혁 엄마   예, 그거는 아이 아빠가 계속 전화를 나한테 주고.

면담자   그때 아버님은 집에 계셨어요?

진혁 엄마   집에, 집에. 집에서 상황을 계속 보고 있었던 거죠. 믿었던 거죠, 그때까지만 해도 믿었던 거죠. '설마'라는 단어는 없고 그야말로 우리는 물에 대해서, 바다에 대해서 모르니까 믿었던 거죠.

면담자   그때 누구도 그 큰 배가 넘어갈 거라고 생각을 못 했을 테니까요. (진혁 엄마 : 그쵸) 그냥 데리고 온다고 생각하셨겠네요, (진혁 엄마 : 네, 네) 아빠도. 가시면서 했던 일은 기억나세요?

진혁 엄마   갈 때요? 화장실만 엄청 갔던 거 같아요. 먹는 것도 없는데 그냥 갔던 거 같아.

면담자   학교 상황은 아버님이 전화를 주시고, (진혁 엄마 : 네) 체육관 가라고 하는 것도 아버님이 전화를 해주신 거였죠?

진혁 엄마   네, "애들이 다 그리 온대, 그리 가. 내비를 그리 찍어"라고.

면담자   체육관에 있는 학생들은 돗자리 깔고 담요 쓰고 있는 그런 상황이었죠?

진혁 엄마 고영희

진혁 엄마   그런 상황. 다친 애들은 병원, 안 다친 아이들은 그냥 그 자리.

면담자   어머니 쓰러지시고 언니분도 병원에 따라가셨나요?

진혁 엄마   아니요, 나는 언니가 차만 태워 보내고, 언니는 모르겠어요, 뭘 했는지. 언니는 아마 "왜 배가 안 오냐, 애들이 안 오냐?" 아마 우왕좌왕 이리 뛰고 저리 뛰고 있고, 그 해경 친구한테 전화를 하는데도 계속 안 받는다고.

면담자   구급차 타고 어머니만 병원으로 가셔서 병원에서 기자들이 그렇게 하는 걸 보신 거네요.

진혁 엄마   네. 그리고 내가 더 이상 이렇게 누워 있으면 안 되니까, 애를 빨리 봐야 되니까, 내 눈으로 확인해야 되니까 이거 빼달라고. 그때 당시에는 정신이 혼미하니까 실려 간 거고, "이거 빼라"고, "빨리 빼라"고.

면담자   그럼 어머님은 체육관에 계시다가 팽목으로 가신 거예요?

진혁 엄마   4일 있다가인가, 5일 있다가 갔어요.

면담자   아버님은 그날 저녁에 내려오셔서 바로 팽목으로 가신 거죠?

진혁 엄마   네, 팽목에 있었어요.

면담자   시간이 지날수록 점점 불안해지셨을 거 같은데, 체육관에 누워 계셨나요?

진혁 엄마   누워 있었나, 앉아 있었나? 아마 뭔가를 보고 앉아, 그때 당시 누워 있지는 않았을 거 같아요. 계속 밖에를 보거나, 가서 전광판 무언가를 적어놓으니까 계속 그거 보고 그런 상황, 그리고 계속 통화하는 상황.

면담자   어머니는 체육관에서 계속 기다리라고 하신 거예요?

진혁 엄마   아뇨, 있으라고, "네가 오면, 팽목에 오면 자리가 너무 열악하니까 그냥 너 거기 있으라"고.

면담자   당일에 팽목에 아무것도 없었죠?

진혁 엄마   응, "그냥 너 거기 있으라"고, "서로 전화로 주고받자"고 그래서 거의 전화로 주고받는 상황, 상황을.

면담자   그때도 당연히 뭔가 구조 작업을 다 하고 있다고 생각하셨죠?

진혁 엄마   당연히. 아니면 진짜 '작은 배가 아이들을 싣고 자기 집으로 갔나?' 그때부터 소설을 쓰기 시작한 거죠, 드라마를 찍는 거죠. '핸드폰이 물에 젖었으니까 안 될 거야' 그런 상황.

면담자   정부 측에서도 사람들이 와서 보고하거나 상황을 알린 건 기억나세요? 구하고 있다고 얘기 들으셨어요?

진혁 엄마   "구하고 있다"라고 들었고, 뭐 "거기가 맹골수도라 너무 깊어서 진입도 못 한다"고 들었고, 그런 상황들을 많이 들었죠.

4
진도체육관에서의 경험과 기억

면담자   4일 동안 체육관에 계실 때 기억이 나시나요?

진혁 엄마   그러고 나서 국무총리가 먼저 왔었나? 박근혜보다 국무총리가 먼저 왔었던 거 같은데요? 박근혜보다 국무총리가 먼저 왔을 때 당시 우리 교회 목사님하고 담임목사님도 거기 와 계셨[고], 목사님하고 사모님도 와 계셨던 거 같아요. 사모님이 나를 잡으러 다니고, 내가 하도 어디로 튈지를 모르는 상황이라. 근데 국무총리가 왔는데 사진만 찍는 것처럼 하고 뭐라고 한마디 하고 가는 거예요. 그때 당시 둘러 이렇게 [경호하는] 애들이 [둘러]쌌잖아요? 그거는 어디서 나타났는지 모르겠는데, 그 누구지? 보좌하는 앤가? 저 언니처럼 딱 똥 머리[머리카락을 묶어서 동그랗게 감은 머리 모양]를 했어요. 키는 작아, 손이 작았어요. 국무총리 손가락을 잡았는데 둘러싼 거예요. 국무총리를 잡았던 이유도 그때 당시는 왜 잡았냐면 악수를 했어요, 손을 잡았어요, 일단은 놓치면 안 될 것 같은 상황에 그래서 잡았어요.

면담자   밖에 나갔을 때였죠?

진혁 엄마   아니요, 체육관 안에서 잡았어요. "우리 애 좀 꼭 살려달라"고, "알았다"고 했는데 그때부터 진을 치기 시작한 거예요. 이 사람 손가락을 놓으면 안 되잖아, 잡고 있어야 되잖아. 그래도 우리나라의 그래도 높은 양반인데, 점점점 여자애들이 싸고 남자애들이 싸잖아요? 내 손만 이렇게 되는 거야. 그때 당시 여자애가 딱 똥 머리를 하고 막는데 손 딱 껴갖고 잡았어요, 안 빠져. 빼진 않[았]잖아요, 내가 끌려가는 상황이 돼버리는 거지. 그래서 내가 소리를 질렀어요. "아빠들 뭐 하냐!"고, "이 새끼 가게 놔둘 거냐?"고, "뭐 하냐"고, "제발 잡으라"고. 근데 이미 [그때]는 다서여섯 겹 싸여 있던 상황이야. 이미 나는 가운데 있고 문까지 끌려 나갔어요. 문하고 나하고 손하고 딱 낀 거야, 낀 거예요. 진짜 끼었는데 어떤 남자애가 "어머니 제발 이 손 놓으라"고, "어머니 손목 부러진다"고.

면담자 　　그때까지도 손을 잡고 있긴 했었어요?

진혁 엄마 　　손이 아니고 머리카락, 여자애 머리카락. 국무총리는 손가락이 아마 아팠을 거예요. 놓치면서까지도 내가 꼭 잡고 꺾고 있었으니까. (면담자 : 결국 손은 빠졌고?) 빠졌고, 보좌하는 앤가? [여자애] 걔를 머리를 낚아채고 있었죠, 여자애.

면담자 　　그 상태로 어머니를 끌고 나가는 거죠?

진혁 엄마 　　네, 나간 거죠, 완전히 밀고. 그렇게 내가 소리를 지르고 났을 때 당시에 물병이 날아오기 시작한 거예요, 그때 물병이 날아온 거예요. 잡고 있는데 "어머니, 제발 이 손 놓으라"고, "어머니 손 다친다"고. 진짜 이때는 어떻게 할 수가 없는 거야. 나도 아빠, 엄마들이 와서라도 그 새끼들을 끌어내고 잡아줬으면 잡고라도 있었을 텐데 안 되는 거야. 놓으면서 내가 그 남자애 싸대기를 쳤던 거 같아요. 놓으면서 이쪽 손으로 놓음과 동시에 쳤어요. 그때는 어떻게 그런 힘이 났는지 모르겠어. 그러고 나서 힘이 빠져갖고 주저앉고 우리 담임목사님, 사모님 잡으러 오고, 그러고 나서 진 빠져갖고 있고…. 그러고 나서 박근혜가 왔던 그때 당시에도 TV도 없고 아무것도 없던 상황. 박근혜 왔었죠. 오빠, 우리 신랑이 "야, 박근혜 간다는데?" 그러는 거야. 그러면서 넘어왔어, 그때 당시[에] 우리 고모들도 와 있었나? 작은아빠, 삼촌이랑 와 있는데 박근혜가 오는데 일단 자리에 앉았어, 얘기는 해야 되잖아요? (손가락으로 그려가며) 이게 가운데잖아요? 이게 이게 체육관이고 입구고, 요만큼 왔어. 내가 이 정도에 앉아 있었어요, 중간쯤에.

여기가 앞이야, 강당[이]고 요만큼 왔는데 돌아 나가려고 하는 거야. "박근혜 대통령님, 그냥 가실 거냐"고, "한마디만 해주고 가라"고, "그냥 가실 거냐"고 내가 그랬어요, 진짜로. 그때 당시 우리 신랑은 나를 뒤에서 모자를 잡고 있었어요, 옷을, 사고 칠까 봐. "한마디만 해주고 가라"고 그랬더니 얘가 어디로 갈지를 모르니까 우왕좌왕하더라고요. "앞이 저기"라고 "저쪽으로 가라"고 그래서 올라가서 마이크 잡고 얘기한 게 그때부터인 거예요. 개요, 사진 찍으러 왔다가 그냥 가려 그랬어요. 아예 생각도 안 했어요. 중간쯤까지 왔다가 유턴했다니까요. 유턴하려고 하는 거를 "그냥 가실 거냐"고, 한 발짝 띤 거를 "그냥 가실 거냐"고, "한마디만 해주고 가라"고, (가슴을 치며) "우리한테 어떻게 하고 있다고 얘기 좀 해주고 가라"고 그래서 앞으로 올라간 거고. (면담자 : 가까이 있었네요) 저 정도 거리? 그니까 내가 사고 칠까 봐 [남편이] 잡고 있었다니까요, 또 뛰어나갈까 봐.

면담자   소리 지르면 다 들릴 수 있는 거리였군요?

진혁 엄마   들릴 수 있는 거리, 딱 이 거리, 딱 이 거린데 "제발 얘기 좀 하고 가라"고…. 이미 그때는 [경호 선을] 다 치고 있었죠. 남자, 여자들이 중간중간 경호하는 애들이, 그야말로 경호하는 애들이 한 300명은 들어온 거 같아요, 그 안에.

면담자   다 사복 입고 있었죠?

진혁 엄마   아니요, 사복을 입고 조끼를 입었어요. 무슨 봉사단체 조끼, [경호원이] 아닌 것처럼. 근데 우린 알았죠. 왜? 일사불란하게 움직이니까 '아, 박근혜가 떴구나'. 국무총리 올 때도 그랬었어요.

면담자   그 발언을 할 때까지는 믿고 계셨나요?

진혁 엄마   그때까지도 믿었죠, 믿었죠. 그때가 3일째였나? 이틀째였나? 그때까지도 믿었죠.

면담자   부모님들이 물병 던지는 거 뉴스에 많이 나왔었잖아요, 기억나세요?

진혁 엄마   네, 누군가가 물병을 던졌어요, 답변을 못 하니까. 우리가 이런 질문을 했을 때 대통령이라는 사람이 마이크를 잡았으면 얘기라도 해야 되잖아요? 현장도 갔다 왔잖아. 현장 설명을 해줘야 되는 거고 "뭔가를 어떻게 조치를 하겠다" 얘기를 해야 되기라도[되는데] 무조건 옆에 있는 그 사람만 쳐다보는 거. "어떻게 대답을 해야 되느냐?" 그 눈빛 있잖아요, 지금 생각해 보면. '나는 대답을 못 하기라도[하겠는데] 뭐라고 대답을 해야 되지?' 그런 심정. 그러니까 물병 날아가죠. 우리가 얘기를 했을 때 바로바로 대답을 해줘야 되는데 대답을 못 하니까.

면담자　　　뭔가 잘못되고 있다는 생각을 언제 처음 하셨어요?

진혁 엄마　　그러고 나서 얼마 안 있다가, 뭐 하다가 아이 아빠한 테 전화가 왔어요, 팽목에서. 그러고 나선가 그 전인[가], 그러고 나 서일 거예요. 기자들은 어마어마하게 많은데 팽목에다 뭐를 해준다 그랬는데 안 해준 거예요. 그러니까 칠판부터해서 아이 아빠가 뭐라 그랬는데 잊어버렸네. 브리핑할 수 있는 공간을 좀 만들어달라 그랬 는데 그때까지도 안 된 거예요. "거기 해경 있냐?" 이랬더니 애들이 없는 거야. 그래서 내가 쫓아 올라갔어요, 이쪽 방 열고 이쪽 방 열 고 쫓아 올라갔는데, 있는 데에 내가 그랬더니 뭐라고 뭐라고 "나가" 라고 그러는 거야. "뭘 나가라 그러냐"고, "당신들 여기서 뭐 하고 있 냐"고, "편히 쉬고 있냐"고 "지금", "진도 팽목항에다 당신들이 뭐 해 준다고 그랬으면 해줘야 되지 않는 거 아니냐"고. "아이 아빠한테 전 화 왔다. 당신들이 언제까지 해준다고 그랬는데 안 해준다고. 지금 여기서 편히 쉬고 여기서 앉아 있을 때냐?" 그러면서…. 아이 아빠가 "뭔가가 없다. 영희야, 여기 하나도 해준다는데 안 해줬다" [하고] 전 화가 오니까 나는 다시 쫓아 올라가서 얘기를 했던 거죠. 양쪽에 방 이 있었는데 거기에 찢어져 갖고 앉아 있더라고. (면담자 : 단상 위에 있는 방이 있어요?) 예, 양쪽에 방이 있어요.

면담자　　　그러고 난 뒤에 반별로 모여서 의논하기 시작했던 게 기억이 납니다. 8반은 누가 어떻게 주도하고 계셨는지 이야기해 주 세요. 처음은 이름표 만들기부터 시작했었죠?

진혁 엄마   네, 그때 당시 아이가 반장인 엄마, 아빠가 그렇게 했었죠. 그렇게 하고 명찰 만들고 사진 긴급하게 인쇄하고, 아이들 사진. 왜냐면 자꾸 이상한 애들이 와서 저기를 하니까, "학부모가 아닌 엄마, 아빠가 아닌 사람 다 빠져라" 그런 그런 식으로 하고. 제가 4일 만엔가, 5일만엔가? 팽목으로 갔어요, 아이 아빠가 데리러 와서. 근데 그때 체육관에 있을 때 고모가 그랬구나, 우리 고모가 얘기하기를 "야, 내가 방금 밖에서 듣고 왔는데 여기 안에 오면 핸드폰이 잘 안 터진대. 영상을 보내고 사진을 보내도 안 뜬대". (면담자 : 체육관 안에서?) 이 근방으로 딱 들어오면, [고모가] 그러더라고요. 그래서 "에이, 설마", 근데 그게 진짜였던 거예요. 근데 아이 아빠 차를 타고 가는데 그때 당시 GPS가 이렇게 차에 있잖아요. 블랙박스 그런 게 GPS가 깜빡깜빡하잖아요. 근데 체육관을 벗어나서 쭉 가다가는 켜져요. 그러다가 팽목항을 조금 근접하잖아요? 꺼져요. 자연스럽게 차 잡히는 그런 수신이 다 꺼지더라고요. 내가 누구한테도 이렇게 뭘 보냈는데도 안 왔다고 그러는 거야, 사진이나 그런 게 안 왔다고.

면담자   팽목 가시는 날 뭐가 있다고 실감을 하셨어요?

진혁 엄마   네, '아, 이게 뭔가 있구나. 얘네들이 다…'.

면담자   반별로 만나셨을 때 서로서로 알던 분도 계셨어요?

진혁 엄마   저는 몰랐어요, 그때 가서 알았고. 애 아빠가 계속 팽목에서 계속 왔다 갔다 하고 공무원들 만나고 그런 상황이라, 저는 거의 우리 신랑 친구가 나를 돌봤죠.

면담자　　　같이 가셨던 언니분은?

진혁 엄마　　　그 언니는 가셨고, 일 때문에 그다음 날인가 갔을 거예요.

면담자　　　그럼 체육관에 어머니랑 같이 계신 분은 아버님 친구분이었나요?

진혁 엄마　　　아니요. 그때 당시는 같이 교회 다녔던 온유 엄마랑 같이 있었어요. 온유 엄마랑 같이 있고, 온유 아빠랑 진혁이 아빠랑 그쪽에 같이.

면담자　　　팽목 가기 전에 한 번 더 쓰러지지는 않으셨어요?

진혁 엄마　　　한 번. 그냥 쓰러져서 잠깐 누워 있다가 일어났던 것 같아요. 쓰러져서 누웠다가 다시 일어나고 팽목에서는 그냥 계속 누워 있었고….

면담자　　　팽목항 가서서는 계속 누워 있었고. (진혁 엄마 : 예) 아버님은 그때 왜 어머니를 팽목으로 오라고 하셨어요?

진혁 엄마　　　온유 엄마가 온유를 찾아서 갔으니까, 혼자 놔두면 안 되는 상황이니까.

면담자　　　아까 고모도 이야기하셨는데 다른 친척분들은 좀 다녀가셨어요?

진혁 엄마　　　우리 쪽 고모, 내 고모들이 왔다 가고 나중에 팽목으로 시누가 왔다 가고 그다음에 고모랑 고모부들이 한 번 왔다가 이쪽 팽목으로 와서 왔다 가고, 신랑 친구들, 내 친구들, 그다음에 교회 목사님하고 장로님들. 그리고 거의 있던 진혁이 아빠 친구가 계속 한 명이, (면담자 : 오래 계셨어요?) 예, 계속 있었죠. 왜냐면 나 때문에 [친구가 가면] 안 된다 그래 가지고, 내가 아무것도 안 하고 그냥 계속 누워 있으니까, 안 먹고 계속 저기 하니까.

면담자　　　온유 올라갈 때 어머니 마음이 복잡하셨을 것 같아요. 어떠셨어요?

진혁 엄마　　'좋겠다'라기보다는 '안됐다' 그랬어요, 그때 당시까지는. 그때까지는 '아, 좋겠다'가 아니고 '안됐다', 그러니까 내 아이는 진짜 어디 무인도에라도 떠내려가서 살아 있을 거라 [생각하고] 소설을 쓴다니까요, 그렇게 됐을 거라고 항상. '올 거야. 아니야, 전화가 올 거야' 계속 [기대했죠].

면담자　　　언제까지 그런 생각을 하셨나요?

진혁 엄마　　계속, 진혁이 찾기 전까지도 그랬어요. 진혁이 찾기 전까지도 '우리 아이는 어디 무인도에 살아 있을 거야' 그렇게 생각 [했어요].

면담자　　　팽목에서는 누워 있을 수 있는 공간이 있었나요? 컨테이너가 들어갔다고는 했는데.

진혁 엄마　　네, 컨테이너랑 몽골 텐트 그런 게 들어가 있[었죠]. "자리가 있으니까 가자"라고 해서 갔죠.

면담자　　　감정이 격하니까 아버님과 의견 충돌이 있거나 하지는 않으셨나요?

진혁 엄마　　　그런 거는 없었고요, 아이 아빠가 원체 진짜 씩씩하게 잘 돌아다녔던 거 같아요. 공무원들 만나고 아빠들도 챙기고 엄마들 챙기고 의견도 내고 그런 거를 하고, 저는 그야말로 그냥 아무것도 안 하고 멍해갖고 앉아 있는? 앉아 있는 것도 아니죠, 거의 누워 있는.

면담자　　　아무것도 드시지 않고?

진혁 엄마　　　일단 우리 신랑 친구가 "먹어야 돼" 이러면 먹고.

면담자　　　아버님이 많이 분노하거나 울거나 그러신 모습은 없었나요?

진혁 엄마　　　없었어요, 없었어요. 내가 못 봤을 수도 있어요, 못 봤을 수도 있어요. 그니까 술을 먹던 우리 [신랑]인데 술도 안 먹고, 근데 어느 순간부터는 진혁이 아빠도 술을 먹는 것 같았어, 어느 순간부터.

면담자　　　진도대교 행진 때는 안 나가셨어요?

진혁 엄마　　　안 나갔어요, 아이 아빠가 아예…. (면담자 : 못 나가게 하셨어요?) 예, 사고 칠까 봐.

면담자　　　아버님이 어머니 걱정을 많이 하셨나 봐요.

진혁 엄마　　　우리 삼촌이 재 잡으라고 전화 왔어요, 재 잡고 있으라고. (면담자 : 어떻게 할지 모르니까?) "얼로 튈지 모르니까 잡고 있으라"고, 잡고 있더라고 뒤에[서]. 몸으로 움직이는데 목이 이상하더라고, [나를] 잡고 있더라고.

면담자   총리 잡고 난 뒤에는 몸이 아프지 않으셨어요?

진혁 엄마   그냥 나른해진다 그래야 되나, 온 그게.

면담자   힘이 빠져서? (진혁 엄마 : 네) 그때까지도 아버님도 진혁이가 올 거라고, 살아 있을 거라고 생각하셨을까요?

진혁 엄마   그 생각은 안 했던 거 같아. 나만, 나만….

면담자   왜 아버님은 그런 생각을 안 했을 거라 생각하세요?

진혁 엄마   얘기를 해보면 나중에, 추후에.

면담자   나중에 얘기하신 적이 있으세요?

진혁 엄마   아빠들하고 얘기하는 내용을 들었을 때는.

면담자   아버님은 어느 시점부터 안 믿으셨나 보네요.

진혁 엄마   응. '이게 정부가 빨리빨리 해야 된다. 해경이 일사천리로 돼야 되는데 뭔가가 이게 어그러지고 있구나' [하고 생각한 거 같아요].

면담자   아버님은 바지선 타고 나가시진 않았나요?

진혁 엄마   한 번인가 두 번인가 나갔을걸요? 저도 한 번인가 가고. 한 번 갔었죠, 갔었어요. (면담자 : 그때 어떠셨나요?) 아이 찾고 갔던 거 같아요.

면담자   찾기 전에는 안 가신 거예요?

진혁 엄마 고영희

진혁 엄마   아예 힘이 없었으니까. 찾고 한 번 갔던 거 같아요.

면담자   시간이 많이 지났는데 기억나시나요?

진혁 엄마   나는 것도 있죠. (면담자 : 띄엄띄엄?) 네, 행동으로 어떻게 했던 거, 말하는 것도 기억이 나죠.

면담자   8반 부모님들 모이셨을 때, 아버님은 8반 대표가 되어 달라는 제안을 받진 않으셨어요?

진혁 엄마   그거를 마다했던 거 같은데, 다른 분들을 시키고 본인은 다른 데로 뛰어다녔던 거 같은데.

면담자   협의는 체육관에서 주로 이루어지고, 아버님은 주로 팽목에 계셨던 거군요.

진혁 엄마   예, 팽목에서 막 왔다 갔다 왔다 갔다 바빴어요. 그 활동한 게 어딘가 박스에 담아져 있는데, 노란 파일에.

5
진혁이를 다시 만나기까지

면담자   진혁이가 나왔을 때 그날은 기억 많이 나세요?

진혁 엄마   그날 엄청 많이 나죠, 진혁이 아빠가 사고 쳤는데. 사고보다는 술을 많이 먹고 나한테 욱해가지고, 그만 먹으라고 실수하면 안 된다고 [한] 그날 나왔어요, 그날.

면담자   아버님도 며칠 지나고 나서 술을 드신 거죠? 어머니도 같이 드셨어요?

진혁 엄마   많이 먹은 게 아니고 한두 잔? 한두 잔.

면담자   아버님이 폭발하셨던 건가요?

진혁 엄마   모르겠어요, 유독 마시더라고요. 너무 마시고 근데 그렇게 하다가 잠이 든 거죠. 내가 데려다가 재웠으니까 잠이 들고, 근데 나도 잠깐 이렇게 했는데, 누가 "진혁아! 진혁아!" 막 부르는 거 같아요, 전화를 하면서. 그랬더니 "왜 그러냐?"고 내가 일어났지. 그랬더니 "진혁이 나온 거 같다"고 사진 찍은 거를 보여줬나 아니면 나를 끌고 나갔던 거 같아. [확인해 보니] 맞아, 맞기는 맞아. 일단은 서류상 신원 미상 하면서 이렇게, 신원 미상도 아니에요, 거기에 그 농협체크카드가 들어 있어서 최진혁이라고, 내가 체크카드를 만들어 줬으니까. 에그가 있고 뭐가 있고 뭐가 있고 있는데, "추정" 이렇게 적어져 있었던 거 같아요. 그때부터는 일단 나는 핸드폰을 들고 다녔죠, 왜냐면 들고 다녔던 이유가 해경한테 전화 올지 모르니까. 전화가 왔어요, "진혁이 어머니냐"고 "맞다"고. 그때가 아마 3시 반 정도인가 전화 왔던 거 같아요. "진혁이 같아요"라고 하면서 그러는데 물건, 소지품 얘기하고 옷 얘기하고 하는데 진혁이가 100프로 맞더라고요, 100프로. 화장실을 갔는데 화장실에서 나 한 30분 동안 안 나왔던 거, 못 나왔던 거 같아요. 화장실에서 그냥 멍해 갖고 앉아 있던 거 같아, 그 자리에. 근데 그때 당시는 표현을 못 했어요, 주변 사람들한테 너무 미안하니까. 그때 당시에는 미안한 거야.

84

진혁 엄마 고영희

면담자　　　　왜 그때 미안하다는 생각이 드셨을까요?

진혁 엄마　　우리 반 아이들이 너무 안 왔으니까, 그때까지도. 너무 미안한 거야. 그래서 6시에, 5시 반, 6시 정도에 갔죠? 아이 보러 갔어요. 갔는데 아이, 남자아이가 네 명이 누워 있는데 멀리서 봐도 진혁이야, 멀리서 봐도. 가서 손부터 잡았던 거 같아요, 가서 손부터. 애들이 다 이렇게 있어요, 다 이렇게, 이렇게. 왜냐면 아이들하고 팔짱을 끼고 있거나 어떻게 하고 있거나, 그러니까 자세가 다 이거야, 이거. 아니면 이거 막 이렇게 잡고 있는 뭔가가, 손을 잡았어요, 손을 잡고 울고. 이가 하나 빠졌더라고요, 앞니가 토끼 이라 툭 튀어나와 있거든. 이가 빠졌고 발가락을 헝겊으로 덮어놨던 거 같아요. 아마 걷어보지 않았지만 뭔가 이상이 있었으니까 덮어놨겠죠. 구명조끼는 입고 있었고 사준 트레이닝복 입고 있었고, 눈이 멍 들어 있었고. 다 보고 그때 당시 내가 왼손을 잡아주고 "엄마가 올라가서 오른손은 꼭 잡아줄게" 하고 아이 아빠가 날 계속 데리고 나가서, 그때 당시에는 그 대기실 안에 들어가지도 못했어요. 엄마들한테 미안하니까, 미안해서 들어가지도 못하고 밖에를 배회했던 거 같아요, 밖에를 배회를 계속. 아이 아빠도 그러고 나도 그러고 계속 배회를 했는데 그래도 "가야 된다" 그러니까, 아이하고 인제 일치하니까 밤에 올라갔죠. 9시인가, 10시, 11시쯤 가니까 여기 오니까 2시 반, 3시인가 됐더라고요. 그때부터 생각나는 건 교육청하고 되게 싸웠던 거 같아, 개판이어서.

면담자　　　　DNA를 나오기 전에 채취를 미리 해두신 건가요? (진

혁 엄마 : 해놨죠, 다) 몇 시간 걸리던가요?

진혁 엄마 　　근데 또다시 했어요. 또 해가지고 24시간? 그니까 28일 날 2시 반 정도에 발견됐는데 새벽 2시 반 정도에 발견됐는데, 29일 날 11시 정도에 출발을 했던 거 같아요. 11시, 10시 정도? (오전 11시?) 아니, 밤. 밤 9시, 10시쯤.

면담자 　　처음 진혁이 보신 때는요?

진혁 엄마 　　28일 아침 정도.

면담자 　　28일에 아침에 보셨고 29일 저녁에 올라오신 거네요. (진혁 엄마 : 네) 아이들 처음에 왔을 때에는 검안소도 준비가 잘 안 되어 있어서 부모님들이 충격을 받으시기도 했는데, 그때는 남학생, 여학생 분리가 되고 검안소 설치가 되었을 때인가요?

진혁 엄마 　　네, 올라왔을 때는 옷이 벗겨져 있는 아이들도 있으니까, 이렇게 여자아이, 남자아이가 따로따로.

면담자 　　살아 있을 거라 믿고 계셨을 텐데, 진혁이 다시 만나셨을 때 어떠셨나요?

진혁 엄마 　　'갔구나, 얘가 하늘나라로' 그러고 나서도 '아니었으면 좋겠다'라는 생각을 했었어요. '얘가, 얘가 아니었으면 좋겠다. 다른 애였으면 좋겠다' 그런 생각도 했었어요.

6
장례 치르는 과정과 뜻대로 진혁이를 보지 못했던 아쉬움

면담자 　올라오실 때는 같이 앰뷸런스 타고 오셨어요?

진혁 엄마 　진혁이는 영구차 타고 우리는 우리 차가 그때 있었어요, 그래서 대리해 주시는 분이.

면담자 　누나는 진도에 내려오진 않았나요?

진혁 엄마 　한 번 왔다가 갔어요.

면담자 　안산에 진혁이를 데려왔을 때는 엉망이었다고 말씀하셨는데 어떻게 되고 있었나요?

진혁 엄마 　갈 데는 있었는데요. 영정 사진도 없고 아무것도 없는데, 지하를 내려가는데 영정 사진이 보였어요. 영정 사진이 보여서 그거를 가져오라 그래서 되게 끌어안고 한 2시간 정도 울었던 거 같아요, 내가. 우는데도 그 교육청 사람들이 왔을 거예요. 난 그 여자 얼굴을 지금도 안 잊어버리는데 계속 서서 보고만 있더라고요. 왜냐면 내가 그랬어요, "손수건이라도, 이불이라도 베개라도 갖다 놔라" 한번 소리를 쳤던 거 같아, "청심환이라도 갖다 놓던가". 음료수도 못 먹게 다 막아져 있고, 장례식장에 그러니까 그런 것도 화가 났었고, 갔다 빨리하라고 눈치만 보고 있고. 내가 한번 그래 갖고 명함을 내놓으라고 소리를 질렀던 거 같아. 그랬더니 자기 명함 없다고 그러는 거야, 명함 없다고.

면담자	장례식은 어디로 가셨나요?
진혁 엄마	온누리장례식장.
면담자	다른 아이들도 거기에 있었나요?
진혁 엄마	아뇨, 없었어요. 온누리장례식장.
면담자	어머니가 온누리장례식장을 원하셨나요?
진혁 엄마	아니요, 저는 안 원했어요. 누가, 저는 고대병원이나 그런 쪽으로 가기를 원했는데 거기가 친척에 친척인가 기였던[그랬던] 거 같아요. 그래서 거기를 해놨던 거 같아요, 자리를.
면담자	그리고 도와주는 사람들은 교육청 직원들이 몇 명 나와 있던 거였고요? (진혁 엄마 : 네) 그럼 빈소가 차려져 있거나 이런 건 아니었나요?
진혁 엄마	아무것도. 평계 대기는 좋았죠, 새벽 시간이라.
면담자	새벽에 도착했으니까? 기가 막히셨겠네요.
진혁 엄마	기도 막히고 뭔가 싶기도 하고 그래서 내가 소리를 막 질렀던 거 같아요. 그 사람들한테 소리를 엄청 질렀던 거 같아요. 그러고 나서는 그냥 정신이 몽롱한 상태, 누가 왔, 아이 아빠가 와서 낮에 "누구 왔어", "거래처 사장님 누구 오셨어", "영희야, 친구 왔어", "영희야, 누구 왔어" 그러는데 "영희야, 진혁이 친구들 왔어" 하는데 "영희야, 진혁이 담임선생님 왔어" 하는데 그런 말만 들리는 거죠, 내 귀에서는. 나와서 인사시키고 다시 들어가고 밤 되면 까무러

처서 응급실 올라가서, 그니까 강제로 재우는 거예요. 계속 정신이 올바르지가 않고 몽롱하여, 반쯤 나가 있는 정신 상태니까 데리고 올라가서 주사 맞혀놓고 재우는 거예요, 강제로 2시간씩, 2시간 반씩. 그러면 그거 맞고 깨우지 못하게 계속 밤마다 실려 올라갔던 거 같아요. 올라갔다가 주사 맞으면 내가 다시 내려와 갖고 몽롱한 상태가 되고, 계속 그게 반복되고, 마지막 발인, 발인하기 전날 입관을 하는데 입관하는 날 내가 보고 손잡아 주기로 했는데 느낌이 이상한 거예요.

남자들 한 몇 명이 싸악 일어나는 거야, 그래서 쫓아 나갔죠. [그랬더니] 안 된다는 거야, 나는 보면 안 된다는 거야. "나 한 번만 보자"고, "진혁이 오른손 잡아주기로 했으니까, 한 번만 보자"고 "제발" 그러니까 진혁이 아빠가 "그럼 내가 먼저 들어가서 보고 데리러 올게" 했는데 안 오더라고요, 그날만 [올라온 날 만 봤어요]. 그래도 지금 보면 다른 엄마들은 못 본 엄마들도 많은데 나는 봤으니까.

면담자   진혁이는 얼굴이 멍 들거나 그런 거 말곤 괜찮았어요?

진혁 엄마   네, 멍 들고 눈이 약간 함몰 조금 그렇고, 치아가 빠고 [빠졌고], 손톱은 시퍼렇고 머리도 조금 빠졌었죠? 한 조금 빠졌더라고 뒤에가 그렇게 됐는데, 내가 맨날 술 먹고 뭐라고 하니까는 진혁이 아빠가 나중에 이러더라고요. "보여줄 수가 없었어. 네가 그때 봤을 때보다 [진혁이] 상황이 너무 안 좋았다고. 뼈가 다 보일 정도였다고, 살이 녹아내려서. 그래서 보여줄 수가 없었어" 그러더라고요, 그 상황에. "그 상태 그대로 왔으면 얼마나 좋았을까?"라고 했는데, 그게 바다에 있다가 실온의 온도 만나면 밖의 날씨가 너무 덥잖아요? 부패가 빨리 되니까 "보여줄 수가 없었어"라고 얘길 하더라고요.

면담자   마지막으로 못 본 게 마음에 계속 걸리셨나요?

진혁 엄마   왼손은 잡아줬는데 오른손은 못 잡아줘서, 못 잡아줘서.

면담자   아버지를 원망하는 마음이 많으셨나 봐요?

진혁 엄마   네, 진혁이 아빠한테 되게 많이…. 그래서 나중에는 얘기를 하더라고요, 술을 먹고 나서. "너를 보여줄 수가 없었어. 네가 그걸 보면 또 그거를 계속 생각할 거 아니냐. 계속 되새기면서". 지금도 생각하는, 솔직히 말해서 어젯밤에도 악몽을 꿨으니까 내가. 이거를 해야 되는데 어떠한 저기를 할지 모르니까 욕을 엄청 하더라고요, 꿈속에서 내가. (면담자 : 누구한테?) 모르겠어요, 특정인이 없었던 거 같아요. 욕을 내가 엄청 했던 거 같아. 잠깐 잤는데 깬 거예요. 한 3시 정도에 잠이 들었나? 3시 정도에, 3시 반 그 정도에? 잠 못 자고.

면담자   진혁이 어디로 갈지도 어머니가 못 정하셨나요?

진혁 엄마   아뇨, 진혁이 아빠가 그냥 하늘공원? 가까운 데. 왜냐면 출퇴근하면서 볼 수 있는, 수시로 갈 수 있는, 너무 멀리 데려가면 못 가니까 가까운 쪽으로 데려다 놨고.

7
다시 찾은 진도에서의 경험과 건강 악화

면담자　진혁이 선생님한테는 어떤 생각이 드셨어요?

진혁 엄마　선생님들? 솔직히 말하면 남자분들은 군대도 다녀왔고 그 어려운 훈련도 해봤을 테고, 솔직히 말하면 선생님들 싫어요. 그때 당시에 어떻게 했을지는 모르겠지만, 내 눈으로 안 봤고 모르겠지만 그렇게 안개가 자욱했으면 차라리 태우지를 말지…, 그렇게 올라가는 거죠, 거슬러 올라가는 거죠. '그거부터 애초에 잘못됐다, 그거부터 잘못됐다'[고 생각해요]. 걔가 안개 끼었다고 그러니, 엄마들의 직감이라는 게 있잖아요? 여자들의 직감이라는 게. 애 아빠가 믿으라고, 선생님들 계시니까 선생님들을 믿는 거라고….

면담자　그다음에 진도에 혹시 내려가거나 하신 적이 있으셨어요?

진혁 엄마　자주 내려갔었어요. 우리 8반 아이들이 안 올라와서 자주 내려갔었어요.

면담자　왜 '가야겠다'는 생각을 하셨어요?

진혁 엄마　애 아빠가 가야 된다니까, 우리가 해줄 수 있는 게 없잖아요? 우리 애만 먼저 찾았다고 다 끝난 게 아니니까. 그리고 모르겠어요, 제가 교회를 다녀서 그러는지 어쩐지 모르겠지만 진도체육관에 내가 누워 있을 때 진혁이 목소리가 들린 거예요. 크게, 웅장하게 '엄마보다 약한 사람을 엄마가 안아달라'고 그게 들렸어요. 잠깐 이렇게 있는데, 진혁이 찾고 그날 진혁이 목소리가 들렸어요. '엄마, 다 용서하라'고 [그래서] 내가 그랬죠. "나는 나보다 약한 사람은 안아 줄 수 있지만 나는 너를 이렇게 만든 사람 용서는 못하겠다".

면담자　　　아버님도 안 온 아이들 있으니까 진도에 같이 가자고 하셨던 거였어요?

진혁 엄마　　"우리가 해줄 수 있는 건 같이 옆에 있어주는 거"[라고] 했어요].

면담자　　　진혁이인 걸 믿고 싶지 않다고 하셨지만, 먼저 가는 부모님들은 남아 있는 사람들에게 미안하다는 마음을 많이 가지셨다고 하더라고요.

진혁 엄마　　예, 맞아요. 되게 미안했죠.

면담자　　　주로 내려가시면 어떻게 지내셨어요?

진혁 엄마　　그냥 같이 있었던 거 같아요, 방에 엄마, 아빠들하고 옆에.

면담자　　　나눈 이야기 같은 건 기억나세요?

진혁 엄마　　이야기? 그런 거 기억이 안 나요.

면담자　　　식사라도 같이하신다거나?

진혁 엄마　　그런 거는 했죠, 그런 거는. "먹어야 된다"라고 얘기하고.

면담자　　　어머니 건강이 심각하다고 느끼신 때는 언제였어요?

진혁 엄마　　　분향소가 화랑유원지에 생기면서 반별로 돌아가는 당직이 있었어요. 아빠들이 거기서 거의 자는데 저도 거기서 잤거든요. 의자에서 자고 거기서 계속 잤어요. 잤는데, 당직 때마다 자고 당직 아닌 날은 다른 데서, 국회 마당에서도 자고, 광화문 뜨거운 도로 판에서도 자고, 포렌식한다 그래서 충주 거기서도 갔을 때 거기는 날 새고 보는 거잖아요. 이런 바닥에서도 차가운 데 누워 있고 그런 거를 계속했었죠. 근데 어느 날 겨울 11월 그 무렵일 거예요, 왼쪽 허리가 자꾸 아픈 거예요. '왜 그러지? 추워서 잘못 잤나? 웅크리고'. 그때 당시에도 8반 당직 끝난 아침이었어요. 한의원 갔어요. 근데 아무리 [침을] 맞아도 한의원을 세 군데를 돌았는데도 아무 이상이, 저기 하는 거야[차도가 없는 거야]. 그래서 봤더니 오한이 오는 거야. '아, 감기인가 보다' 했지. 근데도 안 되니까 거기 어디서 아마 쓰러졌던가 뭐 해서 그랬을 거예요. 신우신염이라고, 응급실로 실려 갔는데 신우신염이라고, 어떻게 이렇게 아프도록 참았냐고 [하더라고요].

면담자　　　모르셨어요?

진혁 엄마　　　몰랐죠. 그냥 허리가 아픈 줄 알았죠. 그냥 '아, 내가 이렇게 찬 데 돌아다니고 찬 바닥에서 누워 있고 그래서 감기 오나 보다' 그래서 병원에 입원[했어요].

면담자　　　치료법은 어떤 거였나요?

진혁 엄마　　　피곤하면 안 되고, 스트레스를 극도로 받으면 안 되고.

면담자　　　얼마 동안 입원해 계셨어요?

진혁 엄마　　　거의 한 2주? 수치가 떨어져야 되니까. 그리고 재발하고…. 근데 이게 "재발이 많아지면 많아질수록 신장 수술을 해야 된다"고, "투석해야 된다" 그러더라고. 두세 번 재발했던 거 같아.

면담자　　　몸이 아프니까 활동하기가 힘드셨겠어요.

진혁 엄마　　　네, 그래서 조금씩, 그래도 광주법원은 갔어요, 꾸준히.

8
장례 이후 활동과 계속되는 불면증

면담자　　　가장 처음의 활동이 5월 8일에서 9일 KBS 본관 항의 방문 및 청와대를 향한 도보 시위였는데, 그때 혹시 참여하셨을까요?

진혁 엄마　　　그때 나는 아마 포렌식, 그러니까 우리 반 엄마, 아빠들이 이 일을 많이 가서 하고 있잖아요? 안 가는 부분을 많이 갔어요. 왜냐면 8반 대표였잖아요, 진혁이 아빠가 그때 당시에.

면담자　　　아버님 대표는 언제부터 하셨던 거였어요?

진혁 엄마　　　진혁이 찾고 나서 한 5월, 6월? 4월? 아마 그 정도 된 거 같은데요.

면담자　　　5월 초에 부모님들이 안산 올림픽기념관에서 회의하신 적 있었는데 가셨나요?

진혁 엄마 네, 갔죠, 진혁이 아빠. 우리도 가고 나도 가고.

면담자 어머니도 가셨고? 그때 대표를 뽑았나요?

진혁 엄마 네. 그 전에 뽑았죠, 반별로 모여서.

면담자 그 뒤로 아버님이 대표 활동을 하시게 됐나요?

진혁 엄마 네, 계속 이렇게 한 몇 개월 했어요, 한 1년?

면담자 1년이 활동이 가장 많았던 때인데 어머니도 아버님과 계속 늘 같이하셨나요?

진혁 엄마 예, 거의 같이. 왜냐면 안 가는 데를 가니까, 부모님이 안 가는, 우리 부모님들이 안 가는 곳을. "국회에서 뭘 하고 있다. 근데 우리가 어디 다른 부분을 봐야 된다" 그러면 다른 부분을 많이 갔어요. 안가는 데를 갔어요. "여기 이것도 가야 되는데" 하는 부분.

면담자 포렌식 얘기하신 거는 휴대폰 이야기인가요?

진혁 엄마 아이들, 아니 먼저 했던 게 그 비디오 [CCTV 영상] 그거 하느라고. 세월호 배 그거 그거.

면담자 거기 보러 가셨구나. (진혁 엄마 : 네, 그거 보러) 6월부터 세월호 특별법 제정을 촉구하는 천만 서명운동으로 거리 서명과 버스 투어를 했는데 8반은 어디로 갔나요? 어머니도 같이 가셨죠?

진혁 엄마 저쪽, 구미? 서산? 통영 있는 쪽. 부산 그쪽으로 갔어요.

면담자 누군가에게 서명을 요청하고 부탁하는 활동을 해본 적이 없으셨을 텐데, 어떠셨나요?

진혁 엄마   없었죠. [그래도] 했죠, 그때는 절실하니까. 싸우기도 했고, 부산 서면에서 지하철에서 어떤 할머니가 욕하니까.

면담자   그때도 욕하는 사람이 있었어요?

진혁 엄마   네. 그래서 제가 소리 지르고 까무러칠 정도로 주저앉을 정도로, 같이 내가 소리 지르고 악 지르고 했었어요, 너무 화가 나니까. "당신 자식이 죽었어도 당신 그렇게 할 거냐"고 내가.

면담자   천만 서명운동 할 때까지는 우호적인 시민들이 많다고 알고 있는데요.

진혁 엄마   경상도 쪽은 아니죠.

면담자   경상도는 그때 처음 가보신 건가요?

진혁 엄마   아니죠. 전 부산, 포항 그쪽으로 출장을 많이 갔죠.

면담자   지역적인 특징이 있다고 생각하세요?

진혁 엄마   아니요, 어디 가나 있어요. 여기 안산도 있잖아요? 근데 그때 당시 부산 서면에서 되게 크게 내가 싸웠던 거 같아, 할머니 두 명이랑.

면담자   두 명이었어요? (진혁 엄마 : 두 명) 그분들은 이런 거 왜 하냐는 그런 거였나요?

진혁 엄마   그렇죠, 반대파. "죽었으면 그만이지 시끄럽게 여기서 왜 그러냐?"고.

면담자   처음 겪으신 거였나요, 아니면 그 전에도 그런 일이 있었나요?

진혁 엄마   있죠, 안산에서도 있죠. (면담자 : 안산에서도 있었어요?) 그럼요, 있죠. (면담자 : 얼마 안 됐을 때도?) 네. 같이 아빠, 엄마들하고 술 한잔 먹고 그럴 때 속닥속닥거리고 삿대질하고 막 그런 [일들이] 많죠.

면담자   여름되기 전부터? (진혁 엄마 : 네) 가족분들이 밖에서 뭘 하기 힘들고 위축되었겠네요.

진혁 엄마   그렇죠. 택시를 타고, 제가 여기 안산에서도 병원 가려고 움직여도 택시 기사하고도 많이 싸웠어요. 걸을 수가 없어요, 제가. 다리에 힘이 풀려서 걸을 수가 없어서 택시를 타고 자주 이동했는데, 택시기사도 "이제 그만하지" 여름 무렵에 "이제 그만하지".

면담자   식당 같은 데서도 당연히? (진혁 엄마 : 예) 술 마시거나 밖에서 모임을 하거나 이야기하는 게 불편해지셨겠네요?

진혁 엄마   불편했죠, 큰소리치고 그러면 조용히 하라고 자제시키고 그럴 때가 많았죠. 그래서 거의 집에서, 그니까 그때 당시에 어머님, 아버님이 잠깐 어디 가실 때가 있어서 거의 우리 집으로 오라고 그냥, 차라리 집에서는 웃고 떠들고 뭐 해도 상관이 없으니까. 거의 그런 식? 안 그러면 조금 우리를 저기 하게[편하게] 해주는 그런 식당? 그런 데 갔어요.

면담자   서명 다 받고 났을 때는 보람이 있으셨나요?

진혁 엄마   그냥 국민들한테 감사했죠, 시민들한테 너무너무 감사했죠. 아이부터, 꼬맹이 애들부터 같이 아파해 주고 같이 울어주고 "힘내시라" 그러고, 지나가다가 음료수 사주고 가고, 빵 사주고 가고, 드시라고 더우니까, 그런 분들한테는 너무너무 감사하죠. 근데 그분들을 제가 한 사람, 한 사람 다 기억을 못 하니까 그게 오히려 더 죄송하죠, 지금은.

면담자　　그때만 하더라도 특별법에 대한 기대감이 많이 있었잖아요?

진혁 엄마　　엄청 컸죠, 일사천리로 될 줄 알았죠. 근데 그런 세력을 막고 있는 사람이 있었으니, 그게 대통령이라는 걸 몰랐죠.

면담자　　국회 농성부터는 내일 이어서 여쭤보는 걸로 하겠습니다. 잠을 못 잤다고 하셔서 걱정이네요.

진혁 엄마　　저요? 저는 그게 병이에요, 불면증이 병. (면담자 : 언제부터?) 그때 이거 사고 터지고 나서부터 소리에 되게 민감해요. 우리 집에서 엘리베이터 소리가 들려요, 맨날 항의하잖아요. 소리에 되게 민감해요.

면담자　　복도식인가요, 계단식인가요?

진혁 엄마　　계단식인데도 엘리베이터가 오르락내리락하는 소리가 들려요, 로프 소리가. (면담자 : 밤에 특히?) 네.

면담자　　시계 소리 당연히 들리실 것 같아요.

진혁 엄마　　그래서 무음 시계, 시계가 없어요. 누가 시계 하나 갖다줬는데….

면담자   약은 드시고 계신가요?

진혁 엄마   안 먹어요, 정신과도 많이 갔었고 상담도 많이 했고
했는데 정신과 약만 먹으면 기억이 상실돼요. (면담자 : 몽롱한 정도가
아니고요?) 네, 기억이 상실돼요. '내가 오늘 무슨 일을 했지?' 이런
상황이 돼버려요.

면담자   일반 수면제는 잘 안 드시나요?

진혁 엄마   네, 안 먹어요, 아예. 그냥 고혈압 약만, 혈압이 제가
저혈압인데 병원을 갔잖아요. 그러면 세월호 유가족이니까 무조건
정신과 약만 처방해 주는 거야. 그래서 동네 쪼그마한 병원을 갔더
니 혈압 약 보더니, 내가 먹는 지금 혈압 약에는 신장에 관련된 혈압
약이에요. 그러고 내가 밑에 혈압이 너무 높아 가지고 기어 다닐 정
도였어요. 기지도 못하고, 서지도 못하고, 먹지도 못하고 그런 상태
까지 갔었거든요. 결론은 혈압, 밑에 혈압이 너무 높아서 나타나
는…. 그리고 몸이 붓는 게 그 신우신염으로 인해서 소변 배출을 해
야 되는데 그게 안 되니까 혈압 약에 그게 신장에, 신장 약이 약간
들어 있는 그런 혈압 약이더라고요.

면담자   그럼 일반 병원에서는 유가족인 거는 모르고요?

진혁 엄마   몰랐는데, "왜 혈압이 올랐는지 상황을 알아야 된다"
그래서 인제 알고 있는 거죠.

면담자   그 전에는 혈압 문제를 아예 모르셨던 거군요.

진혁 엄마   그냥 정신과, 머리는 자꾸 올라오고 뒷목은 땡기고,

이게 우리 TV 이렇게 치치직거리잖아요? 그 상태예요, 머리가 계속 그 상태.

면담자   술 드시면 잠은 좀 주무세요?

진혁 엄마   1시간? 그나마 다행인 건 진혁이 아빠가 잘 자잖아요. (면담자 : 아버님은 괜찮으세요?) 지극히 잘 자요. 괜찮아요.

면담자   숨소리가 거슬리지 않으세요?

진혁 엄마   어제는 한 대 때리고 싶었어요(웃음). 미우니까, 너무 잘 자니까.

면담자   낮에 기운이 없지 않으세요?

진혁 엄마   어쩔 땐 몽롱해요, 그니까 딱 졸릴 때 자야 되는데 그 텀을 놓쳐버리면, 그 졸릴 때 자는 게 1, 2시간인데 길면 3시간이고, 그 텀을 놓쳐버리면 그냥 출근해야지.

면담자   시간대는 정해져 있나요?

진혁 엄마   거의 한 12시 왔다 갔다 해서는 졸리면 바로 자야 돼요. 그걸 놓쳐버리면, 이분이[진혁 아빠가] 어저께 1시 정도에 들어오셔서 나한테, 그래서 내가 꿍시렁꿍시렁거리고.

면담자   문 열고 들어오는 소리가 다 들리는 건가요?

진혁 엄마   다 들려요.

면담자   사고 전에는 괜찮으셨는데?

진혁 엄마   아니, 그 전에도 쪼끔 있었죠. 예민하죠, 소리에 예민, 소리에 엄청 예민해. 난 밖에서 부부 싸움하면 다 나가서 구경하고 오고.

면담자   오늘은 좀 편히 주무셨으면 좋겠어요.

진혁 엄마   괜찮아요. 소주 한잔 먹지 뭐(웃음).

면담자   내일 뵙기로 하겠습니다.

3회차

2019년 2월 28일

1
시작 인사말

면담자　　본 구술증언은 4·16 사건에 대한 참여자들의 경험과 기억을 기록으로 남김으로써 이후 진상 규명 및 역사 기술에 기여하고자 합니다. 지금부터 고영희 씨의 증언을 시작하겠습니다. 오늘은 2019년 2월 28일이며, 장소는 안산시 단원구 소재 구술자 자택입니다. 면담자는 김아람이며, 촬영자는 강재성입니다.

2
국회에서의 투쟁 활동과 법원 참관 경험

면담자　　7월 12일부터 119일간 4·16특별법 제정 촉구 단식 농성이 국회 본청과 광화문광장에서 있었습니다. 그때 기억나시는 것들을 이야기해 주세요.

진혁 엄마　　국회 농성 시작할 때가 진혁이 사고 나고 나서 첫 생일, 그때여서 아마 못 갔던 거 같아요, 바로는. 그다음 날, 그 다다음 날 13일 정도 진혁이 아빠랑 나랑 차를 따로 타고, 그때 당시에 입구를 막고 그랬는데 개인 차량이라 그냥 쑥 들어갔던 거 같아요, 아무 제재 안 받고. "누구 만나러 왔냐?" 그래서 그때 당시는 더불어민주당을 얘기하면 안 되니까 다른 당을 팔고. 일단은 여기가 안산 토박이라 진혁이 아빠가, 다른 분을 알고 계셔서 거기를 허락 없이 이름을 좀 댔어요. (면담자 : 그래서 그냥 들어갔나요?) 네, 거기에 바로 전화해 보고 오케이해서 들어갔죠.

면담자   가족분들은 한꺼번에 들어가셨나요?

진혁 엄마   [한꺼번에] 들어갔고, 그다음부터는 제지가 되게 많았죠. 담 넘어가고 다른 국회의원 보좌진들 차 타고 이동하고 움직이고 계속 그랬으니까.

면담자   오히려 두 분만 따로 수월하게 들어가셨던 건가요?

진혁 엄마   쪼끔 수월하게 몇 번은 그렇게 왔다 갔다, 안 막히고 [갔어요]. 다른 업무를, 일을 보고 합류해야 되고 그런 상황이라 계속 그렇게 했던 거 같아요.

면담자   국회 농성이 그렇게 장기간 갈 거라고 생각하셨나요?

진혁 엄마   전혀 생각은 못 했죠, 전혀, 전혀. 그렇게 있으면서 국회의원들 왔다 갔다 하고 그 앞이니까 보고 했죠, 근데 그 사람들 그렇게 콧대 높은 사람들인 줄 몰랐고 그때 알았고. 진짜 비둘기 똥 맞아가면서, 비 맞아가면서 있었던 곳이 국회 농성, 그러면서 찢어진 게 광화문으로 이렇게 갈라졌잖아요? 근데 거기 왔다 갔다 거기도 한 번 갔고, 이쪽도 오고 [그랬죠].

면담자   안에서도 반별로 자리를 나눠 앉아 계셨던가요?

진혁 엄마   네, 반별로 따로따로. 반별로 앉아서 반별로 회의도 해야 되고, 어떻게 할지도 계속 얘기를 해야 되니까 반별로 앉아 있었어요.

면담자　　　그때 아버님이 대표이셨던 건가요?

진혁 엄마　　네. 그때 대표 맡고 있어서 계속 왔다 갔다, 진혁이 아빠는 왔다 갔다 회의하고, 왔다 갔다 하는 상태.

면담자　　　농성이 처음이신 거죠? (진혁 엄마 : 안 해봤죠) 처음에 돗자리를 싸 간다거나 그러셨나요?

진혁 엄마　　아니요, 그런 거 전혀 없이 처음엔 가요, 전혀 없이. 그래서 물품 같은 걸 계속 가져오는 거죠. 처음에 한 며칠은 허락이 됐었어요. 그다음부터는 밥 먹는 것도 제지하고, 어디 나가는 것도, 나가면 못 들어와, 일단 나가면 못 들어와.

면담자　　　국회를 벗어나면 다시 들어올 수 없는 거였나요?

진혁 엄마　　네, 들어올 수가, 힘들게 들어오는 거죠. 경찰하고 대치하고 싸우면서, 계속 그런 상황이 되는…. 처음 해본 거죠, 저도.

면담자　　　장기전이 될 거라고 생각을 안 하셨으니까 준비되거나 이런 것도 없었겠네요?

진혁 엄마　　네. 그래서 안산에 있던 부모님들이 뭐를 가져오고, 아니면 시민 단체 분들이 대주고, 담으로 음식 같은 것도 넣어주고 이불 같은 것도 넣어주고 그렇게 되는 거죠.

면담자　　　현관이라고는 해도 그 처마만 있는 거죠?

진혁 엄마　　살짝 처마 있는 거기죠? (면담자 : 야외에 있는 바닥도 그냥 돌이었는데) 네, 엄청 차갑죠. 차갑고 뜨겁고 덥고, 그런 상태.

면담자   어머니는 주로 어느 시간대에 계셨어요?

진혁 엄마   저녁에, 거의 잠[을], 낮 시간대도 있었지만 부모들이 1박 2일, 2박 3일 그렇게 자요. 그러면 그다음 날 올라가고, 또 와서 다른 해야 될 게 있으면 하고, 또 다른 분이 오고 그런 식으로 계속 돌았어요.

면담자   어머니는 얼마나 계셨어요?

진혁 엄마   저도 쪼끔, 그래도 자주 있으[려고], 국회로 가기 전까지는 거기 계속 있었던 거 같애. 국회래, 저기 법원. (면담자 : 밤에는 차고 습기 올라올텐데) 이슬. 그래도 그냥 버텼던 거 같아요.

면담자   그 안에서 보통은 어떤 일 하셨나요?

진혁 엄마   리본 만들고, 뭐 만들으라고 하면 같이 만들고, 비행기 접고 그런 거. 그렇게 하면서 얘기하면서 그렇게 지냈던 거 같애요, 부모님들하고.

면담자   농성 중 7월 17일 제헌절에 국회에서 행사한 것 때문에 가족분들이 마음이 상하셨죠. 기억나세요? 그때 계셨는지요?

진혁 엄마   있었어요. 처음에 국회의원들 쫙 올라갈 때 있었는데 한 명도 우리한테 돌아봐 주는 사람이 없었어요. 그래서 제가 마지막에 우리 아이들 사진을 밟고 지나가라고, "밟히면 밟아봐라" 그 심정으로 던졌던 거예요, 이만한 거를 들고 있다가 던졌어요, 다행히 사람들이 다 치우고. 내가 너무 화가 나니까, 우리를 보고 한마디라도 해주든가, "어떻게 하겠다"라고 해야 되는데 다 시선을 회피를 하면서 앞만 보고 그냥 가는 거야. 최근에 제가 들었는데 경마를 하면 말을 이렇게 가린다면서요? 눈을? (면담자 : 앞만 보고 달리도록요?) 예, 근데 진짜 게양대 들어가는[데] (흉내 내며) 다 이러고 가는 거야, 여기 시선은 하나도 없어요. 그렇게 걸어가서 우리 8반의 아이들 사진을 했어요. "이 아이들이 다 죽었다", 보라고, "수장당했다", 보라고 던졌어요. 근데 뭔가가 옆에서 날아오면 쳐다보기라도 해야 되잖아요? 그냥 탁 피해서 걸어가더라고, 피해서 걸어가더라고.

그러고 있다가 얼마 안 돼서 저쪽 마당에서 음악회 행사 그거를 한다고 그러더라고. 그때는 결국은 취소가 됐지만, 우리 때문이겠죠. 무슨 말 하면 "세월호 때문에, 세월호 때문에" 그러니까 진짜 바들바들 떨렸어요. 그때도 아마 당시에도 소리를 지르고 주저앉을 정도로 제가 울었던 거 같아요. 그런데도 니네는 옆에서 울든가 말든가 하더라고요. 근데 그렇게 웅성, 한두 사람이 모이기 시작하다가 전체가 모였잖아요? 끝내는 취소를 하더라고요.

면담자   그리고 그때 국회의장 발언이 문제가 되기도 했었잖아요.

진혁 엄마   그래서 솔직히 더 화가 났어요. 우리는 돌아보아 주지도 않으면서, 우리 부모들은 돌아봐 주지도 않으면서 당신들은 그냥 꿋꿋이 국가 행사니까 하겠다고 그렇게 하는 건데, 이런 말은 절대 쓰면 안 된다고, 저는 우리 항상 진혁이 아빠랑 [애기]하거든요. "당신들이, 당신 자식이 그랬다고 생각을 해봐라"라고 항상 "그 말은 쓰지 말자"라고 해요. 왜냐하면 우리가 잃어봤으니까 그런 말을 안 쓰려고 하는데 진짜 그때 당시에는 "당신 자식이, 당신 손주가 그렇게 됐어도 이 자리에서 이렇게 할 수 있겠느냐" 나와요, 그냥 나와요. 근데 진혁이 아빠랑 저는 "그 말은 되도록이면 쓰지 말자, 언어 순화 하자. 예쁘게 하자" [했는데] 그때 당시에는 언어 순화도 저는 안 됐 었어요, 그때 당시는 진짜. [고향이] 전라도다 보니까 욕도 나오면 이 게 진짜, 자식 같은 애들한테 욕하는 것도 미안하고 그렇긴 했지만 그래도 일단은 (면담자 : 경찰한테요?) 예, 그때 당시에 좍좍 막고 화 장실도 못 가게 막았으니깐요. 그래서 제가 그때도 욕을 하고 그랬 었죠. 그때는 "이러지 말자. 이러지 말자"라는 부모들이 있었어도 "이러지 말자"라기보다는 그냥 누구 하나가 나한테 거슬리면 죽여버 리고 싶고 밟아버리고 싶고 그런 상태.

면담자   그때도 투쟁이 오래가겠다고 생각하셨어요?

진혁 엄마   이거는 길어질 거라고는 전체적으로는 얘기 안 하지 만 몇 명하고는 얘기를 했죠. "길어질 거다. 분명 길어질 거다" 그거 는 그래도 설마 [했죠].

면담자   희망이 조금 있었고, 반대로 힘들겠다는 생각도 있으 셨던 거네요.

진혁 엄마   솔직히 그때 당시는 으쌰으쌰 하면 될 거라고 생각했 고, 지금 현재는 솔직히 말하면 더 못 믿겠어요, 솔직히 말하면.

면담자   정권이 바뀐다고 해도요?

진혁 엄마   바뀌어도. 왜요, 윗사람이 바뀌면 뭐 해요? 밑에 사람이 바뀌어야 되는데 밑에 사람들, 일하는 공무원들은 그대로잖아요? 그대로예요. 그게 바뀌지 않는 한은 톱니바퀴처럼 똑같이 굴러가는 거예요. 많이 바뀐 거 아니잖아요. 그 밑에서 슬하에 일하는 사람들은 똑같으니까요. 뭐 정권이 바뀌었다, 정권이 바뀌었으면 밑에 전부 다 바뀌어야 되는 거예요, 솔직히 말하면. 그렇다고 해서 그 사람들 일자리는 다 자를 수가 없잖아요. 그러면 어느 정도의 윗선의 말을 받아들여 주고 수긍도 해야 되는데 제가 볼 때엔 그런 게 없는 거 같아요.

면담자   어머니는 언제부터 그런 생각을 가지게 되셨어요? 이번 정부 들어서고부터?

진혁 엄마   이번 정부 들어서면서도 그랬고, 그 전에 광주법원을 다니면서 판결 나면서부터는 '아, 그렇구나'라고 그때부터 마음의 문을 닫기 시작하는 거죠.

면담자   이 나라가 뭘 하고 있는지 알게 되신 게 법원 다니실 때인가요?

진혁 엄마   네, 그리고 국회도 알게 되는 거고 정치도 좀 알게 되는 거고, 100프로는 모르겠지만.

면담자   법원 다니셨던 경험에 대해 이야기해 주세요.

진혁 엄마   광주법원은 처음에는 안 갔어요, 저희가. 왜냐면 진혁이 아빠가 분명히 "가족들이 뿔뿔이 흩어[질 거다. 여기저기 다 가야될 데가 많으니까 흩어질 거다"라고 했어요]. 저는 처음부터 가기를 원했거든요. 근데 진혁이 아빠는 "수그러들거나 사람이 없을 때 가자"라고 얘기를 했어요. 어느 순간 보니까 우리 8반에 세호 아빠 혼자 다니는 거예요, 그 큰 버스 안에서. 그래서 알고 봤더니 버스 대절하는 게 너무 미안해서, "어차피 우리 돈인데 국가 세금인데" 그러면서, 우리 세금으로 걷어서 주는 거잖아요. 그래서 '그건 아니다' 싶어서 혼자 [개인적으로] 버스를 타고 몇 번 왔다 갔다 했다 그러더라고요. (면담자 : 아예 따로요?) 네, 그래서 아침 거기 9시, 늦어도 9시 반까지는 도착을 해야 돼요. 10시나 9시 반부터 첫 재판이 시작이거든요. 그래서 그게 미안해서 그랬다고 하더라고요.

나중에 그 소식을 듣고 우리가, 진혁이 아빠랑 나랑 그리고 8반에서 몇 명 해서 "으쌰으쌰 하자" 그래 가지고 8반 부모님들 몇 분하고 버스를 타고 가고, 처음에는 하루 재판하고 그럴 때는 왔다 갔다 했어요. (면담자 : 당일로요?) 네, 당일로 새벽 4시에 일어나서 부랴부랴 짐 챙기고 싸서 5시까지 화랑유원지로 가야 돼요. 화랑유원지에서 5시에 버스가 출발해요. 그럼 거기에 9시 정도[에 도착해요]. 중간에 휴게소에서 대충 밥을 먹고, 그리고 가서 그때부터 재판을 계속 보는 거죠, 5시, 6시까지, 점심시간 잠깐 빼고.

면담자　　하루 재판 잡힌 날은 여러 명 피고인 계속 동석해서 진행하는 방식인 거죠?

진혁 엄마　　네, 선원들은 선원들대로, 청해진은 청해진대로, 해경은 해경대로. 근데 재판이 광주법원만 있는 게 아니고 목포에도 있었어요. 목포는 못 갔어요, 저희가. 거의 그렇게 돌아가서 계속 다니고, 이게 길어지기 시작한 거죠, 2박 3일, 3박 4일. 그때부터는 짐을 싸서 꾸려갖고 가는 거예요, 거기서 먹고 자고를 해야 되니까. 그런 상태로 재판을 계속 봤죠.

면담자　　　법정에도 이전에 가신 적 없으셨죠? (진혁 엄마 : 없죠) 참관 자체가 힘들진 않으셨어요?

진혁 엄마　　　걔네들 본다는 자체가 되게 힘들었죠, 엄청. 한번은 쫓겨났어요, 저. (면담자 : 소리 내서요?) 예, 그래서 우리 반 아빠가 너무 화가 나가지고 "울지도 못하냐. 한숨도 못 쉬냐. 한숨도 못 쉬냐. 그렇다고 쫓아내냐" [했어요]. 그 아빠도 쫓겨났어요.

면담자　　　방청석에 앉아 계셨던 거죠?

진혁 엄마　　　예, 바로. 어떤 날은 맨 앞에 앉아 있으면, 맨 앞줄은 기자석이에요. 그다음부터 우리가 앉아 있으면 바로 거리가 문만 열면 가서 때릴 수 있는 거리? (면담자 : 피고인석 있는 오른편에 앉아 있는 거죠?) 네. 그쪽으로 쫙 앉아 있으니까, 쫓아가서 수십 번도 쥐어뜯고 싶고, 때리고 싶고, 바들바들거리고…. 걔네들은 편안한 의자에 앉아 있는데 우리는 나무 의자에 앉아 있잖아요, 딱딱한 의자에.

면담자　　　그런 것도 거슬리셨던 건가요?

진혁 엄마　　　그런 것도 거슬리고, 어떤 놈은 너무 길으니까 조는 놈도 있고. 저는 머리를 쓴 거죠. 절대 한숨 안 쉬어요. 근데 그 판사님이 한숨 쉬는, 쪼끔 그거는 봐주더라고, 푹푹 내쉬는 거는. 왜냐면 혈압이 올라가는데 걔네들을 보고 있으면…. 그리고 맨날 대답하는 게 "기억이 안 납니다", "잘 모르겠습니다", "제가 언제 그런 질문에 답을 했나, 했습…" 그 전에는 분명히 그렇게 답을 해놓고 이제 와서 "제가 그렇게 답변을 했냐"고까지 자기가 역으로 물어보는데 바들바들 떨리죠. 그리고 중간중간에 배도 계속 보여주고 그런 게 계속 있어요. 그런 걸 계속 봐왔죠. 저는 쉬는 시간마다 소리를 질렀어요. 걔네들 잠깐 퇴장했다 다시 들어오잖아요, 10분 휴식, 15분 휴식할 때 저는 맨날 욕했어요. 판사님이 나를 째려보든가 말든가 전 맨날 욕했어요, 그렇게라도 안 하면 내가 쓰러지니까.

그때 당시에는 진통제를 달고 다녔어요. 게보린, 타이레놀. 게보린, 펜잘이 안 들으니까 타이레놀을 먹기 시작한 거예요. 타이레놀도 시중에서 파는 거 500미리[밀리그램]예요, 약국 처방받는 거는 1000미리예요. 어쩔 때는 1000미리를 처방받아요, 안 그러면 500미리를 두 알을 먹는 거예요. 그거를 몇 년 먹으니깐요, 몸에서 타이레놀도 안 받아들여. 아무리 머리가 아파도 먹어도, 그래서 지금 전 세계에서 독한 약, 제가 두 번째로 [독한] 애드빌을 먹고 있어요. 애드빌이 두 번째로 독하대요, 첫 번째가 따로 있고. 그 위에가 마약이라 그러더라고요. 애드빌을 제가 지금 복용을 해요. 애드빌은 10분, 15분 정도 되면 진통이 싹 사그라들거든요.

면담자   진통제인 거죠?

진혁 엄마   네. 근데 그거를 안 먹으면 어쩔 때는, 그 자리에서 항상. (면담자 : 아예 진통제를 가지고 다니셨어요?) 가지고 다녔어요, 가방에. 왜냐하면 보통 보면 펜잘이나 게보린을 많이 소지를 하거든요. 근데 그거가 안 들으니까 타이레놀 항상 사서, 술 먹고 약 먹고, 낮에 약 먹고 술 마시고, 그게 광주법원 다니면서도 반복이었던 거 같아요.

면담자   처음 간 때 어떤 장면이 기억나세요? 퇴정당하셨던 건 첫날은 아니셨을 것 같은데요.

진혁 엄마   처음에 갔을 때? 아니, 처음에 갔을 때예요, 그때가.

면담자   맨 처음 들어가셨을 때예요?

진혁 엄마   네, 처음 들어갔을 때 퇴정당한 거. 그때 우리 8반 아빠, 엄마들한테 "몇 명 가자"고 "으쌰으쌰 하자"고 그래 가지고 그때 처음 가서 퇴정당했죠. 가면 밖에 구급차 있고, 안에 119 두 분 앉아 계시고 항상. 근데 그것도 서서히 없어지더라고요. 딱 우리가 세 명 다녔거든요, 세호 아빠, 진혁이 아빠, 진혁이 엄마. 그 전에는 8반에 엄마, 아빠, 아니 아빠 한 세네 분 그렇게 계속.

면담자   1심 재판 때 가셨던 거였어요? 활동이 여기저기 많이 흩어지기 시작했던 때였던 것 같아요.

진혁 엄마   [1심]부터 다녔어요. 네, 일도 들어간 아빠들이 있으니까.

면담자   다시 직장 가시는 분들이 계셨군요.

진혁 엄마   예, 그래서 2심까지 봤어요, 2심까지.

면담자   2심 재판할 때도 다니셨어요?

진혁 엄마   예, 근데 그날 그렇게 했을 때 광주 시민분들이 되게 힘을 많이 주셨어요. 광주 시민상조 분들이 같이 손잡아 주고, 같이 울어주고, 항상 버스 가는 시간에 노란 우산 들고, (면담자 : 법원 앞에 서요?) 네, 쫙 서 있어요. 되게 힘이 되죠, 감사하죠.

면담자   법원 안과 밖이 너무 다르네요.

진혁 엄마   극과 극, 극과 극이에요. 나는 청해진도 봤고, 해경 김경일? 걔도 봤고, (면담자 : 네, 123정장, 이준석 선장도 보셨어요?) 다 봤죠. '나이가 들어서 짠하고 불쌍하다' 그런 건 없어요. 그냥 '너는 우리 아이 잡아먹은 사람'. [선원인] 박××이랑 김××는 젊잖아요? 내 딸뻘이지만 그냥 '너도 내 새끼 잡아먹은 년'. 근데 걔네 부모가 항상 왔었어요. (면담자 : 같이 방청석에 있었어요?) 앉아 있었어요, 부들부들 떨려요. 가서 진짜 죽여버리고 싶어요. 나가면서 진짜 욕도 해요. "시발, 지 새끼는 살았으니까, 미친년" 가족 서너 명이 앉아 있으면 일부러 그냥 가운데 치고 지나가요, 쳐다봐요. "뭐? 왜? 기분 나빠?" 그때 당시에는 진짜로 제가 그러고 지나다녔어요. "안 맞으니까 다행인 줄 알아"라고 [했어요]. "나한테".

면담자   머리채 잡고 싶을 때가 매번 있었을 거 같아요.

진혁 엄마   내가 그랬어요. 그렇게 되면 법정 구속이라고도 하고, 법원 안에서, 법정 안에서 그러면. 밖에 나가서도 거기서는 싸움이 벌어지면 일단은 나는 어딘가를 들어가긴 들어가야 되는 거잖아요. 실제로 어떤 날은 하이힐을 신고 가서 걔네들한테 던져버리고 싶었어요. '여기만 문만 열고 들어가면 재네들 다 싸그리 잡을 수 있는데,

때려잡을 수 있는데, 아니 한 놈이라도 밟아 죽여버릴 수 있는데' 그런 생각이 진짜예요. 피가 거꾸로 솟고 뒷목이 뻣뻣해지고 진짜 죽여버리고 싶을 정도.

면담자   분노가 사건에 대한 의문으로 바뀐 순간이 있었나요? 아니면 동시적으로 느끼신 건가요?

진혁 엄마   복합적으로 동시죠. 또 '우리가 아는 부분이 이게 아닌데' [하면], 질문하고 싶은 것도 우리가 해야 되니까, 그나마 판사님이 배려해 준 게 그거였거든요. 우리 유가족들 질문이 있을 거라고, 그럼 그걸 적어서 변호사님을, 변호사님이 항상 있으니까, 우리 측 변호사님이 있으니까 그거를 정리를 해서 제출하면 "이 질문은 없었던 거네요" 그러면서 그거를 해서 물어봐요. 근데 우리가 물어봐도 돌아오는 답은 똑같아요. "기억이 안 납니다", "시간이 흘러서요". 진짜 한숨 나와요, 답답해요. 그면 큰소리론 못 해요. 고개 숙이고 "씨팔", "개새끼". 판사님이 들으면 안 되잖아요? 고개 숙여요, 일단은.

면담자   쫓겨나신 건 왜 쫓겨나신 거예요?

진혁 엄마   (크게 한숨 소리 내며) 이거 했어요(한숨). 숨이 안 쉬어지니까, 저 그냥 쫓겨났죠. 한숨 쉬어서 쫓겨났는데 우리 반 아빠가 "왜 한숨도 못 쉬게 하냐"고 그래 가지고 우리 반 아빠가 "그러면 안 되는 거"라고, "왜 한숨도 못 쉬게 하냐?" 그러면서 대들었어요, 판사님한테.

면담자   세호 아빠가 그러셨나요?

진혁 엄마   아니에요, 우리 반 아빠가. 내가 큰오빠라고 부르는 아빠 있어요, 큰오라버니.

면담자   그래서 같이 쫓겨나셨어요?

진혁 엄마   나 쫓겨나고, 쫓겨났어요.

면담자   쫓겨나서 어디 계셨어요?

진혁 엄마   밖에 입구 쪽에.

면담자   그럼 누가 밖에서 지키고 있는 거예요?

진혁 엄마   그래서 그러는 거예요. "한숨을 쪼끔만, 쪼끔만 진정하고 들어오시라 그래" 진정하고 들어오라고, [그래서] 진정하고 들어가고 나갔다 바로 물 한 모금 마시고 들어가고.

면담자   어머니 같이 다니실 때 욕하고 그런 부모님은 없으셨어요?

진혁 엄마   그 전에는 있었죠. 그리고 1심 마무리하고 그럴 때 부모님들이 와서, 그런 부모님들 되게 많았죠. 근데 세호 아빠랑 저랑 진혁이 아빠는 그동안에 봐왔으니까 우리는 오히려 조용하고, 우리는 오히려 조용하고 그냥 그분들은 또 웅성웅성하고.

면담자   피고 측 부모들은 갈라져 있잖아요. 어디에 앉아 있던가요?

진혁 엄마   다른 쪽에 항상, 우리하고 반대로. 우리가 이쪽에 앉아 있으면 이쪽 이런 식으로.

면담자   근데 처음에는 모르셨을 텐데 부모인지는 어떻게 아셨어요?

진혁 엄마   우리 반에 세호 아버님이 알려주셔 가지고, 이케[이렇게] 이케 이케 해가지고. 그때 그랬죠, 내가 "죽여버릴 거 같으니까 알아도 나한테 알려주지 말라"고.

면담자   아침부터 저녁까지 계셨어요?

진혁 엄마   어쩔 때는 12시까지도 있어요. 11시, 12시까지.

〈비공개〉

면담자   저녁에 당일로 다니실 때는 그러면 거의 5시에 끝나고 오셔도 여기 들어오시면 9시, 10시 이렇게 되셨겠어요.

진혁 엄마   네. 그러고 항상 다녔어요, 그리고 나중에는 자야 될 때는 '[광주]시민상주모임'에서 숙소를 마련해 주고. 우리는 어쩔 땐 그게 미안해서, 셋이 다닐 때는 그게 미안해서 우리끼리 세호 아빠가 잠깐 어디 가면 나는, 우리는 진혁이 아빠랑 나는 내 친구 집 가서 그렇게 하고. 너무 죄송하니까 시민상주분들한테.

면담자   어머니 지인분도 방청 오셨었나요?

진혁 엄마   해남에서 한 번 왔었고, 진혁이 아빠 친구가 한두 번, 세 번 정도, 그리고 광주시민상주에서 몇 분. 그다음에 거기서는 친구가 한 번 들어왔다가 답답하다고 나가더라고요, 답답하다고.

면담자   기억에 남았던 재판 있으세요?

진혁 엄마   그거죠, 화가 났던 거죠. 생존자 아이가 와서 해경들이 구하는데 생존자 아이가 증언을 한 거죠. 해경들이 아이들을 건지잖아요, 물속에서 구조할 때 "아휴, 이 새끼 존나 무겁네, 시팔". 그건 진짜 화가 나고. 아니, 물이 젖었으니까 무겁죠! 그것도 화가 나고 화가 난 건 많죠. 아이들 살아 있는 동영상 배 안에서 찍었던 거 그런 거 볼 때도 답답하고 화나고. 엄마, 아빠 사랑한다는 그 말도 화가 나고, 다시는 못 들을 거니까. 그것도 그렇고 청해진 할 때 청해진이 구원파잖아요. 그런 거 할 때 그 재판이 한 번 끝나고 청해진 직원들인지 가족들인진 모르겠는데 밖에서 삥 둘러서 기도를 하는 거예요? 제가 한마디하고 지나갔어요. "장난하냐? 유병언이한테 기도하게? 걘 신이 아니야. 신은 살아 계시는 분이야, 부처님이나 하나님이나. 장난해? 어따 사람 새끼한테 기도하고 지랄이야" 그러고 지나갔어요. 거기 그때 누가 실눈 뜨고 쳐다보더라고, "기도할 때 눈 뜨는 거 아냐" 내가 막 진짜.

면담자   어머니 전투력이 있으시네요.

진혁 엄마   네, 이렇게 가면서도 건들면 싸우려고 난 덤비는 거죠. "누구 나 하나 건드려 봐라. 그때 난 다 죽여버린다" 그거였으니까.

면담자   그땐 화내거나 쓰러지거나 둘 중 하나였을 것 같아요.

진혁 엄마   네, 주저앉거나 바들바들 떨거나, 꿈속에서도 욕을 한다니까요. 자다가도 제가 욕하면서 일어나요, 깜짝깜짝 놀래가지고. (면담자 : 요즘도 그러세요?) 요즘도 욕해요. 어쩔 때는 울어요, 엉엉 울어요.

면담자   증언 들으면서 억장이 무너지실 거 같아요.

진혁 엄마   무너지죠, 그리고 어쩔 때는 이러한 판례가 없으니까 우리한테 찾으라고 하는데 그 말도 나는 황당했고. 판례를 우리한테 찾으래요, 어이가 없어서 '지들 할 일을 왜 우리한테 미루지?' 재판 끝나고 나오면서 "변호사님, 이거는 잘못된 거 같다"고 [그러고].

면담자   변호사는 어떤 사람이었어요? (진혁 엄마 : 우리 측?) 피고인들 변호인이요.

진혁 엄마   거의 국선이라 그러나요? 거기가 많고, 청해진 같은 경우는 돈이 많으니까 아주 그냥 일곱, 여덟 명씩 붙어갖고 하고, 한 명당.

면담자   선장이나 선원은 국선을 맡겼을 거고, 해경도 변호사 붙었죠?

진혁 엄마   불렀죠, 빵빵한 사람들 불렀죠. 김경일이 구속된 것도 나중에 들은 얘긴데 아마 유가족들이 한 명도 안 가고 그랬으면 걔는 구속 안 됐을 거라고, 근데 맨날 쫓아가서 으쌰 [하고], 욕하고, 내가 "나쁜 새끼"라 그러고.

면담자   부모님들이 가신 것도 형에 반영이 됐다는 얘기 들으셨어요?

진혁 엄마   예, 추후에 그쪽에 관련된 사람이 아니고 우리하고 얘기하다가 아마 그랬을 거라고 추측을 하는 거죠, 만약에 아무도 없었으면 아마 검사나 판사도 얼렁뚱땅 대충 하지 않았을까.

면담자   지난 정부 보면 판사도 정권에 따라 움직였던 걸로 보이죠.

진혁 엄마   100프로! 진짜, 진짜 내 마음처럼 일해주는 검사, 판사는 없다고 봐요. (면담자 : 그걸 느끼셨어요?) 그때부터 느꼈어요.

면담자   검사도 중간에 바뀌지 않았나요?

진혁 엄마   아니요, 우린 1심 때 그분이고, 또 2심 때 다른 분 쭉.

면담자   그분하고 가족분들 변호사하고 소통은 되던가요?

진혁 엄마   그건 모르겠어요, 그런 거는.

면담자   직접 만나보거나 그런 적은 없으시죠?

진혁 엄마   만나면 걸린대요. 만나면 만나보고 싶었죠, 솔직히. 재판이 끝나고 나서는 감사하다고 한번 인사는 하고 싶었어요, 그분들한테, 그래도 배려를 많이 해주셨으니까. 그분들은 얼마나 힘들었겠어요. 1심 재판 끝나고 그때 제가 허락 맡았던 게 뭐냐면 2학년 8반 동영상을, 세호 엄마가 만든 동영상이 있어요. "별이 된 우리 아이들에게" 그 동영상 만든 거를 방청석에 틀었죠. 그거는 저쪽에 USB에 담아져 있기도 한데 인터넷에도 많이 돌아요. 그거를 틀었어요, 법정에. 최후진술이 그거였어요. 하나는 영정 사진에 나머지는 아이들 살아 있을 때 뛰어놀고 그런 사진을 갖다가 넣은 거거든요. 그거를 넣었을 때 애네들, 이준석 외 그 나머지 애들이 그걸 보고 마음에 동요가 있었으면, 물론 그렇진 않았겠지만. 결혼해서 자식이 있는 부모도 있고 젊은 사람도 있지만, 그런 거를 보고 '내 나이 때도 저랬지', '아, 나도 내 자식이 저런 자식이 있지' 그거를 보고 깨닫기를 바랐어요. 진실을 말해주길 바랐어요. 진실! 그거를 보고 "내가 잘못했습니다", "기억이 안 납니다" 그런 말을 듣기보다는 진실, 이 정부에 얼마나 많은 핍박을 받고 있는지 모르겠지만, 그 사람들이 핍박을 받았는지 아니면 얼마의 돈을 받았는지는 모르겠지만, 진짜 난 진실을 말해주길 바랐어요, 진실.

근데 그게 없더라고요. 거짓 눈물? 거짓 눈물은 있었어요. 눈물, 콧물 빼면서 우는 사람도 있었는데 저는 그걸 진실이라고 받아주고 싶진 않아요. 왜? 법정에서 진실을 얘기 안 했으니까.

면담자　　다른 데에서도 뭐가 있었나요?

진혁 엄마　　아니요, 법정에서 모든 걸 털었는데, 모든 게 "기억이 안 납니다", "모르겠습니다" 그렇게 얘기를 했으니까.

면담자　　진실을 이야기하지 않으니까 별로 와닿지 않으신 거네요.

진혁 엄마　　와닿지는 않았어요.

면담자　　그 사람들 왜 그랬다고 생각하세요? (진혁 엄마 : 뭐 어떤 거?) 그 사람들이 진실을 얘기하지 않았던 이유요.

진혁 엄마　　그 전에 걔네들이 나왔을 때 이준석이랑 다른 애를, 어떤 두 사람이 다른 모텔에서, 여관방에서 만났다 그랬잖아요. 그건 분명히 다른 직원, 청해진 직원이나 누군가이었겠죠. 아니면 국가, 저는 제 생각은 그래요. 그게 "국정원 배, 소유다"라고 그러잖아요? 혹시 국가? 국가의 잘못을 감추기 위해서, 더 파고들어 가면 박근혜 정부가 너무 잘못을 많이 했잖아요, 그거를 감추기 위한 쇼? 원래 그 세월호 배는 우리 아이들이 타고 갈 배가 아니었고, 그날 수학여행 날짜도 아니었고, 강남 쪽에 있는 아이들이 세월호 배를 타고 가기로 했고, 그래서 만약에 아이들이, 그 아이들이 타고 갔으면 과연 그 배가 진짜 침몰했을까? 다 구해내지 않았을까? 한창 그랬잖아요, 돈 없는 안산 가난한 마을이라고, 그건 아닌데.

면담자   '국가가 개입되어 있었다'고 생각하시는 거죠?

진혁 엄마   개입이 되어 있다, 개입을 했다. 그때는 박근혜 게[문제가], 지금 드러나는 거 그렇잖아요? 박근혜 뒤에 최순실 있었던 거잖아요? 저는 (면담자 : 어떤 연관성이 있을 거라고 생각하시는 건가요?) 있다, 있다에 한 표. 있다, 진실을 감추기 위한? 박근혜도 따지고 올라가 보면 최태민이도 구원파 쪽인 걸로, 최태민이가 박근혜랑 남편이라 그랬나? 최태민이 그렇게 되면서 최순실이랑 그렇게 되고, 누군가랑 연결이 되면서 '구원파의 끈이 있다'라고 제가 계속 봤거든요. 이단, 이단 종교 그게 맞물리고, "마약을 했다" 그런 설도 있고, 뭔가를 감추기 위해서 자기의 뭐를 감추기 위해서 이 나라를 통째로 잡고 흔들었다는….

면담자   언제 그런 생각을 점점 굳히게 되셨어요?

진혁 엄마   [생각을 굳히지] 않았는데도 우리는 "국가의 잘못이다. 국정원 배니까" 법원 다니면서 "국정원 배의 소유니까" 그렇게 하면서 분명히 이거는 "정부의 뭔가가 있다. 박근혜 뭔가 감추기 위한 뭔가가 있다" 우리는 그런 얘기를 많이 했어요, 같이.

면담자 　재판 진행될 때 형이 예상한 대로 나왔는지요?

진혁 엄마 　기대에 못 미치는 형이지만 우리가 몇 번 다니다 보니까 대충은 맞추겠더라고요. 그래서 거의 우리 [예상에] 맞추게 됐어요. 왜냐면 우리 생각은 이만큼인데 분명히 얘네들은, 왜냐면 뭔가가 조끔, 진짜예요. '어'하고 '아'하고 다른 거고, "이랬습니다"랑 "이랬을까요?"랑은 완전히 다른 말이에요. "이랬어요?", "이랬습니다"가 다른 말이라 뭔가가 자료가 부족하면 거의 비슷하게? 내 생각은 이만큼이지만 검사, 판사가 하는 거는 좀.

면담자 　그리고 한창 이준석 선장한테는 살인죄를 적용하나 안 하나 이게 막 논쟁이 좀 됐었잖아요?

진혁 엄마 　됐으나 뭔가가 자료가 부족해서 무기징역 되고 몇 년 되고 그렇게 되는 거.

면담자 　증거 때문에 한계에 부딪혔을 것 같아요. 그런 것에 대해선 어떻게 생각하셨어요?

진혁 엄마 　'우리나라 법이 개법이다', '우리나라 법은 정권에 달려 있다'.

면담자 　법 집행이 정권에 따라서 달라지게 된다는 거죠?

진혁 엄마 　네, '그렇게 된다' 그때부터 알았어요. '아, 법도 정권에 달려 있고, 이것도 정권에 달려 있고', 어떤 라인에 서느냐에 따라 뭐가 이렇게 되는 거고…. 저는 진짜로 어제도 제가 말씀드렸지만,

정치 그런 거는 1도 몰랐고 그냥 우리 먹고살고, 세금 잘 내고, 진짜 그랬어요. 세금 잘 내고 우리 여섯 식구 잘 먹고살고, 애들 잘 말썽 없이 잘 시집, 장가가고 잘 크고 그것만 바랐지. 이렇게까지 우리가 살아 있을 때 큰 상처와 시련과 아픔, 그러면서 또 다른 깨달음을 준 건데, 이런 깨달음은 안 줘도 된다고 봐요.

면담자   결국 다 정치로 움직인다는 생각이 드셨던 거죠? (진혁 엄마 : 예, 그쪽으로 확 쏠리는 거죠) 사법부나 입법부의 처리하는 과정도 정권에 따라 달라진다는 생각도 하시는 거고?

진혁 엄마   하죠, 지금도 하고 있고요.

면담자   뭐든 믿기가 어렵다고 한 게 그런 말씀이신 거죠?

진혁 엄마   네, 믿기가 어려워요. 그냥 우리 그러잖아요? 소소하고, 왜 난 '사람들이 국회 앞에 가서 진짜 으쌰 데모를 하고, 국회 앞에 가서 피켓 들고 피켓 시위를 하고, 시청 앞에 가서 피켓 시위를 하고 그러나, 왜 저럴까? 무엇 때문일까?' 그랬는데 지금에서야 깨달은 거죠, 지금에 와서야.

면담자   지금은 '저렇게 할 수밖에 없다'고 생각하고 계세요?

진혁 엄마   네, '해야지만 저 사람들의 진실을 몇몇 사람에게라도, 나 아닌 다른 사람들에게 알리는구나, 그래서 하는구나'.

면담자   그렇게 힘들었는데 법원에 계속 가셨던 이유는 어떤 이유셨나요?

진혁 엄마   우리가 그래도 그곳에 가야지만 "우리 유가족이 지켜

보고 있구나. 엄마, 아빠들이 보고 있구나" 검사도 판사도 변호사도 죄인들[에게]도 "보고 있으니까 너네 똑바로 해라" 그거였죠, 무언의 압력? 걔네들한테, 그 사람들한테, 검사, 판사한테 "똑바로 조사를 해라"라는 무언의 압력. 그리고 "니들은 우리 부모가 시퍼렇게 살아 있다. 보고 느껴라"[는 거였죠].

면담자   8반에서는 어머니 세 분 가셨다고 하셨고, 다른 반에서도 가셨나요?

진혁 엄마   아니요, 45인승 버스에 세 명. (면담자 : 정말요?) 네, 그리고 장기간 있으면 세호 엄마가 다음 날 버스 타고 올라오고, 안산 법정은 우리 8반에 선균이 엄마가 지키고 있고.

면담자   8반 분들만 좀 덜 가서 참여하신 줄 알았어요. (진혁 엄마 : 아니요) 아예 안 계셨던 거예요?

진혁 엄마   예, 광주 기자들은 되게 많았어요. 기자들은 항상 풀, 나중 되니까 기자들도 두세 명?

면담자   가족분들이 분산되어서 그렇게 됐나요?

진혁 엄마   소홀한 것도 있겠죠.

면담자   안 가시면 아무도 없으니까 어머님이 안 가실수가 없는 상황이네요?

진혁 엄마   '이게 중요한 거다'라고 생각을 했어요. 진혁이 아빠도 그러고 세호 아빠도 그러고 "이거는 중요하다. 그리고 애네들이 분명히 무엇인가를 조사를 하더라도 분명히 미스 난[빠진] 부분이 있을 거다". 우리가 궁금해한 내용을 질문을 던질 수 있고 변호사님이 이거는 아까 했으니까 풀어서 해줘서 넘기면 판사님이 보시고 "이거는 했으니까 이 질문을 그러면 이렇게 바꿔서 한번 해볼게요" 이렇게 해서 해주시는 분도 있는데도 답은 똑같으니까.

면담자　　판사가 질문받는 걸 현장에서 바로바로 할 수 있어요?

진혁 엄마　　네, 현장에서 맨 마지막에.

면담자　　증인이 검찰 심문 끝나고, 변호인 심문 끝나고요?

진혁 엄마　　다 끝나고 맨 마지막에 "혹시 유가족분들이 궁금한 사항 있냐"고 언제부터인가 그거를 해주셔 가지고.

면담자　　우리 쪽에 변호사도 방청할 때 계속 같이 계셨나요? (진혁 엄마 : 계속 계시는 거예요) 어느 변호사님이에요?

진혁 엄마　　그분은 아니고요, 전 박선영 변호사님은 기억하고 계속 바뀌었어요, 변호사님들도.

면담자　　그러면 부모님 세 분하고 변호사님 한 분하고 고정적으로 하시게 됐던 거네요. 초반에는 의문보다는 분노가 더 크셨을 것 같아요.

진혁 엄마　　그래도 들어야 되니까, 안 들으면 안 되니까 세호 아빠 같은 경우는 계속 메모를 했어요. 그래서 혹시 답답해서 담배를 피우러 나가면 그 부분을 나 혼자 다 듣고 있어야 돼, 메모를 다 해. (면담자 : 메모하신 건 나가신 분한테 설명을 해주시나요?) 아니, 줘요, 메모지를 다. 메모지를 제가 다 줘요, 하라고.

면담자　　재판 다니시면서 '더 많이 알아야겠다'는 생각도 하셨나요?

진혁 엄마　　알아야 되겠다기보다는 그냥 수시로 뉴스 보고. 근데 뉴스에 나가는 거랑 법원 가서 듣는 거랑은 천지 차이에요. 차라리 거기서 공부를 많이 했죠, 거기서.

면담자　　피고인 측이 주로 주장하는 내용은 뭐였나요? 자기 책임이 아니라고 한다거나.

진혁 엄마　　자기 책임이 아니라고 한다기보다는 "기억이 안 납니다. 잘 모르겠습니다" 일괄이에요, 전부 다. 그리고 "죄송합니다" 그거예요. (면담자 : 모르겠다고만 해요?) 네. "이때는 이렇게 하지 않았냐?" 그러면은 "그때 제가 그렇게 진술했나요? 제가 자꾸 깜빡깜빡해서요, 지금은 시간이 지나서요". 그 재판 거기에서는 글자 하나하나가 되게 중요하대요. 지시를 받았겠죠, 왜냐면 자기네들은 분명히 누군가한테 전화하고 했잖아요. 그리고 걔네들은 축배의 잔을 들었잖아요? "구조하러 온다" 그러니까 해경이, 캔 맥주나 마시고.

면담자　　그거도 이상하다고 생각하셨죠?

진혁 엄마　　우리는 축배의 잔이라고 봐요. "우린 살았구나"[라는].

면담자　　그게 시점이 8시 반, 9시쯤인가요?

진혁 엄마　　그 사이에요, 9시 쪼끔 넘어서 그 사이.

면담자　　유병언이 죽었다고 기사 나온 건 어떻게 생각하세요?

진혁 엄마   난 '거짓이다'에 한 표. 다 안 믿었어요. 지금도 솔직히 "맞아"라고는 하는데 그러면 미리 죽여서 놔뒀다는 거잖아요. 우리 할머니가 그러는데 고양이 새끼가 죽어도 저 상태까지는 안 된대요. 아무리 날이 뜨거워도, 고양이 새끼가 죽어도 저 상태는 아니래요. 너무 많이 부패가 됐다는 거죠. "미리 죽여서 갖다 놓은 거 아니냐" 솔직히 말해서 고양이가, 밭에 가면 가끔 고양이 시신도 보고 노루 새끼 시신도 보고 하잖아요? 예전에는 고구마밭 그런 데에 있으니까. 여름이잖아, 고구마밭 매는 건 여름이잖아요, 완전 뜨거운. 근데 밭이 크니까 여기서부터 저까지 매가려면 몇 날 며칠 걸리잖아요, 아침저녁으로 매도. "고양이 새끼가 죽어도 저렇게 안 된다". 그때 당시 우리 할머니가 구십셋? 넷?이셨는데] 그런 얘기 했어요. "저거는 유병언이는 아니다". 근데 다른 국회의원분들은 "맞다. DNA 검사한 걸 봤다" [그래요]. 근데 우리가 드라마를 많이 보면 "DNA 조작도 가능하다"[라고 보는 거죠], 내 새끼도 바뀌는 판국인데.

3

14년도 여름 단식 투쟁과 대리 기사 폭행 사건

면담자   14년 8월 7일에 수사권, 기소권을 배제하고 독단적으로 박영선 대표가 여야 합의를 하고 그랬었잖아요, 어떤 생각이 드셨는지요?

진혁 엄마   '그렇지 뭐, 개네들이 하는 게 그렇지 뭐' 그냥 그랬던,

그러면서 욕을 하면서 술을 먹었던 거 같아요.

면담자　　광화문에서 유민 아버님 단식하실 때, 가족들 몇 분 더 단식 시작하셨잖아요? 그때 가족분들 생각은 어떠셨어요? '끝까지 가야 하나' 하는 고민은 없으셨어요? 다들 의견이 달랐을 텐데.

진혁 엄마　　있었죠, 있었죠. "그만했으면 좋겠다", 그때 갔을 때도 유민이 아빠한테 "그만하라"고, "그만했으면 좋겠다"고 했는데 "자기는 끝까지 갈 거"라고 확고했어요. 진혁이 아빠도 하고 단식, 하루 꼬박 하고 저는 못 하고. 지금 제가 토실토실하게 됐지만 밥을 안 먹었어요, 한 1년을. 1년을 신우신염 그때 걸려서 갔는데 살다 살다 탄수화물이 부족한 사람은 처음 봤대요. 몸에, 살다 살다.

면담자　　아예 밥을 안 드셨나요?

진혁 엄마　　그니까 아침 그냥 건너뛰고, 점심때 그냥 소주, 아니 소주래 커피 마시고, 저녁때 소주 마실 때, 밥 한두 숟가락 먹고 계속 소주 마시고, 탄수화물이 부족했죠. 근데 탄수화물 부족이 나타난 거죠, 몰랐어요.

면담자　　그때 살 많이 빠지셨어요?

진혁 엄마　　48kg? 7kg? 근데 몸이 붓더라고요, 신우신염 때문에 붓는다고 하더라고요. 그리고 잠을 못 자니까, 남들은 잠을 못 자면 살이 빠진다고 그러는데 저는 부어요, 역으로 붓더라고요. "신우신염도 관련이 있다"라고 하더라고요.

면담자　　살이 빠지신 줄도 몰랐겠네요?

진혁 엄마   알았죠, 그러니까 어느 시점부터 몸이 부으니까 '이상하다, 이상하다'고는 했어요. 그러니까 '아, 잠을 못 자서 그러나 보다'. 잠을 못 자니까, 원체. 알아요, 진혁이 아빠도 혼자서 핸드폰 보고 있는 거. "핸드폰 끄고 자라"고 그러면 이불 혼자서 뒤집어쓰고 뉴스 보고 욕하고 댓글 달고 그렇게 저거 하니까. 네이버 들어가서 뉴스 클릭해서 댓글 달고….

면담자   댓글도 많이 다세요?

진혁 엄마   네이버에다가, 댓글 달고 또 누가 댓글 그 밑에다 달면 거기도 또 달고. 욕은 못 하잖아요? "나 여기 어디 있으니까, 너 나한테 오라"고 "지금 분향소로 오라"고 [했죠]. (면담자 : 정말요?) 예, 오라고 그랬는데 안 와요. (면담자 : 댓글에도 따라다니는 사람 있지 않나요?) 네, 계속 따라다녀요, 아이디가 계속 바뀌긴 하지만. "오라"고, "나 만나러 오라"고, "만나서 얘기하자"고 [했죠]. 안 오더라고요. "분향소 와서 누구누구 엄마 찾으라"고.

면담자   그 사람이 "유가족 맞냐?" 이렇게 나오는 건가요?

진혁 엄마   예, [저는 계속] "와라!"

면담자   그해에 대리 기사 폭행 사건 때문에 가족분들 사이에서도 문제가 있었죠? 1기 임원진들도 물러나시게 되고 여론이 안 좋게 흘러가게 되었잖아요.

진혁 엄마   속상하죠, 근데 어차피 사찰했고.

면담자   그 사건에 대해서는 어떻게 보세요?

진혁 엄마 고영희

진혁 엄마   어떻게 보냐고요?

면담자   시민들이 세월호 가족들을 너무 엄격한 잣대로 보지
않았나 생각을 하거든요.

진혁 엄마   저도, 왜냐면 다 술 먹었는데 우리도 술 먹고, 술 먹어
야 자니까. "니네들이 그 와중에 술을 마셔?" 나는 그거는 아니라고
봐요, 그거는 아니라고 보고. 우선은 그때 당시 국회의원 그분을 끌
어내리려고, 원체 세월호에 깊숙이 관련되어 있어서, 세월호에 깊숙
이 관련되어 있잖아요? 그래서 혹시 그분을 끌어내리려고 사찰을,
유가족도 물론 사찰했겠죠.

면담자   뭔가 공작이 있었을 거라 보시는 거죠?

진혁 엄마   네, 유가족 따로 붙고 국회의원 따로 붙고, 그래서 저
는 어느 누군가가 시비를 걸지 않았을까, 일부러. 계속 따라붙었다
라면 그 성향을 다 알잖아요? 제가 알기로는 저희 세월호 유가족들
다 따라붙었다고 기억을 하거든요.

면담자   임원진은 당연히 붙었겠죠.

진혁 엄마   붙고, 저도 타깃은 됐고. (면담자 : 어머니는 왜요?) 광주
법원을 자꾸 다니고, 광주법원에서 TV에 자꾸 얼굴 나오고, 타깃은
저희 유가족은 다 됐다고 보고, 저도. "진혁이 아빠나 저도 타깃은
됐다"라고 들었어요. 근데 크게 동요하지 않고 어느 정도 뭐를 하더
라도 절제를 많이 했어요. 그리고 쪼끔 저기 하면 "집으로 와라", "뭐
해라, 뭐 해라" 그렇게 많이 했었고.

면담자　　　그래서 너무 여론이 확 바뀌는 것도 있었죠?

진혁 엄마　　조작! 저는 조작이라고 봐요. 왜냐하면 그렇잖아요, 우리 세월호 아이들의 그런 것도 했을 때도 똑바로 보도 안 했잖아요? 제가 그래서 항상 물어봤어요, 그때 [진도에] 있구 그럴 때 기자들이 왔잖아요, 저한테도 뭐 물어봐요. 그러면 내가 "이거를 이렇게 낼건데 나는 이 부분이 뉴스에 나갔으면 좋겠다"라고 얘기했어요. 그렇게 한대요, [근데 결국] 거긴 자르고 다른 앞부분만 나가는 거예요. (전화 울림) 아무 의미 없는 말, 그거만 나가는 거예요, 아무 아무 진짜로 그런. 그래서 기자 안 믿는데? 그때 체육관에 있을 때부터 안 믿었는데요? 기자 쫓아낸 게 난데? 다 나가라고. 그때 당시에는 YTN만 내가 믿었던 거 같아요, 그때도 YTN한테도 뒤통수 당해가지고 뭐라 했어요, 쫓아가서.

면담자　　　어떻게 된 일이었어요?

진혁 엄마　　그냥 뭔가가, 기자들 다 사기꾼이라고, 누가 나한테 뭔가를 했어요. 너무 화가 나서 마이크를 잡고 몇 반 누구 엄마라고 얘기를 하고 "저 새끼들이 나쁜 새끼들"이라고 다 나가[라고 했죠]. 다 나갔는데, 난리 났어요, 우왕좌왕하고 다치고 누가 카메라 던져서 무릎 부러지고.

면담자　　　왜 '다 나가야 된다'고 생각하셨어요?

진혁 엄마　　왜냐하면 우리의 정보를 캐서 자꾸 넘기니까, 진실을 보도를 안 하니까.

면담자 　　　어떤 계기가 있으셨던 거예요?

진혁 엄마 　　　기억이 안 나요, 뭔가가 분명히 사건이 있었어요. 그래서 내가 앞으로 나간 건 사실이에요. 뭔가가 계기가 있어서 그랬던 건데, 그리고 자꾸 누가 따라다니는 느낌도 있고. (면담자 : 체육관에서부터요?) 네, 무슨 계기가 있었어요. 그래서 내가 그렇게 했던 거 같아.

면담자 　　　총리 때부터 어머니한테 붙지 않았을까요?

진혁 엄마 　　　팽목항에서도 누가 와가지고 딱 했는데, 딱 보니까 느낌이 싸하더라고요, 자기는 기자라고 하면서 주는데 카메라 하나 딱 차고. "저 기자도 필요 없다"고 [했죠]. 두 명이 따라붙었었어요. "나는 기자들 필요 없다"고 그때부터 그냥 누워 있었던 거 같아요.

면담자 　　　폭행 사건 기사가 쏟아져 나와도 안 믿으신 건가요?

진혁 엄마 　　　안 믿었어요, 왜? 진실을 보도하지 않으니까.

면담자 　　　대리 기사 사건 난 뒤에 가족들끼리도 의견이 갈렸을 것 같아요.

진혁 엄마 　　　많이 갈렸죠. 그래도 중립에 서려고 엄청 노력을 했죠, 우리는. 의도가 아니다, 그런데도 제가 봤을 땐 편을 가르기 위해서 일부러 그러지 않았을까….

면담자 　　　결과적으로는 갈라지고, 멀어졌으니까요. (진혁 엄마 : 네) 1기 임원진분들도 서운하셨을 것 같아요.

진혁 엄마　　　그쵸, 있죠. 서운하죠. 똑같은 가족인데 단지 그거 이유 하나만으로 배제를 한다는 거는 그거는 잘못됐다고 보거든요, 똑같은 엄마잖아요? 아빠고. 앞에 나서서 일한다고 엄마고 아빠고 그거는 아니라고 봐요. 우리도 일은 일단은 안 하잖아요, 지금? 그냥 생계에만 있고 뒤에서만 해주는 거잖아요? 참 그래요, '우리 어른들이 더 자라야겠구나, 아이들을 보고 배워야겠구나'. 포용할 줄 아는 게 없는 거 같아요, 포용.

면담자　　　250가정의 의견을 다 모으기 힘들겠다는 생각이 들어요. 그런 점에서 힘드셨을 것 같아요.

진혁 엄마　　　맞아요. 의견이 [수렴이] 안 되니까, 솔직히 말하면 우리 아이 아빠, 진혁이 아빠도 대표할 때 되게 많이, 하면서 "이런 부분까지도 보자"라고 얘기를, 의견을 내는데도 의견이 수렴이 안 되는 거죠. 그러면 "의견을 뭐 하러 묻냐?" 그렇게 되는 거죠. 그러면서 힘들어서 대표직을 내려놨던….

면담자　　　이것저것 고려해서 내놓은 제안일 텐데 다른 분들의 마음에 차지 않으면 힘들죠.

진혁 엄마　　　네, 되게 많이 힘들었어요. 생각이 곧은 사람이고 진짜 저기 한 사람인데 많이, 그래서 "8반만이라도 이렇게 하자, 하자" 그거를 되게 많이 했어요, 지금도 그렇고.

면담자　　　1기 임원들 힘들게 하지 말자고요?

진혁 엄마　　　그런 얘기는 아예 안 해요. 그냥 그때 한 번, 딱 한 번

하고 안 받아들여지면 그걸로 설득하고 그러려고 하지 않아요. 그냥 그리고 자기만, "내 의견이 이렇다"라고만 얘길 하죠. 속상하죠. 왜 술을 마시면 안 돼요? 본인들도 술 마시잖아요, 즐겁거나 슬픈 때나.

면담자　　가족분들 중에서도 "술을 마시고 그러면 안 되었다"는 의견도 있었을 것 같아요.

진혁 엄마　　예, 맞아요. "왜 술을 먹고 그렇게 국회의원을 만났냐. 나쁘다" 같이 싸잡아서 막. 속상하죠.

면담자　　잠깐 쉬었다가 할까요, 어머니?

진혁 엄마　　네. 그래서도 돼요.

(잠시 중단)

4

15년도 직장 및 일상적 관계 복귀 과정과 어려움

면담자　　이어 하겠습니다. 특별법이 통과되고 나서 4·16세월호참사 특별조사위원회 설립이 이루어지는데, 어머님 청문회에 가신 적은 있으세요?

진혁 엄마　　아니요. 저는 일했어요, 그때부터.

면담자　　일에 복귀는 언제부터 하신 거예요?

진혁 엄마　　15년, 16년 되면서 복귀했어요. 16년, 15년도부터는 복귀… 15년, 16년도.

면담자   2015년 되자마자 1월 26일에서 2월 14일까지 온전한 세월호 인양과 실종자 수습 및 진상 규명 촉구를 위한 안산에서 팽목항까지의 도보 행진이 19박 20일로 있었는데, 가셨었나요?

진혁 엄마   안산 팽목은 진혁이 아빠가 몇 번 하고, 배 인양한다고 그럴 때 동거차도를 진혁이 아빠가 가고….

면담자   4월 4일에 정부 시행령 폐기를 촉구하는 2차 삭발식 이후 1박 2일 동안 아이들 영정 사진을 들고 광화문까지 '도보 행진'을 한 적이 있어요. 여기는 가셨나요?

진혁 엄마   거긴 갔었어요. 거기 국회 쪽이죠? 그쪽은 했어요.

면담자   그때 어머님들도 여러 분 삭발하셨죠.

진혁 엄마   거기는 여기 현장만 보고 못 가고, 계속 일 때문에…. 16년부터, 거의 15년은 광주법원, 법원 그쪽으로.

면담자   그럼 1주기 때도 혹시 기억나세요? 그때 아버님 광화문에 계셨다고 하셨나요?

진혁 엄마   1주기 때는 뭐 했죠?

면담자   4월 16일에 1주기에 시행령 폐기를 요구하며 광화문 연좌 농성을 하셨어요, 차벽이 둘러쳐져 있었고.

진혁 엄마   거기 있었어요, 나도 거기 있었어요. 비 오던 날 쓰러져서 병원 간 거 같은데? 누구한테 맞아가지고, 가슴 맞아가지고 되게 덩치 큰 아저씨였는데 여기로 팍 치고 지나가 가지고 119를 불렀는데 1시간 만에 왔다 그랬나? 차를 못 들어가게 해서, 그 차가 뚫는 순간 다 빠져나가니까. 그래서 빠져나갔어요, 그 차 통해서 다.

면담자　　　그 현관 밑에 계셨던 거였어요?

진혁 엄마　　그 차 밑인지 아무튼 사람에 가로막혀서 못 나갔어요, 광화문이 아니고 어디 지점에서 막혔잖아요? 거기서 못 나간 거지, 그래서 갇혀 있었죠, 계속. 호흡 곤란 와가지고, 누가 때리면서 호흡 곤란이 와가지고…. (면담자 : 기절하신 거예요?) 넘어진 거죠, 호흡 곤란이, 숨을 계속 못 쉬니까. 비 오던 날 맞아요. 이렇게 잡으면, 안 넘어지려고 잡으면 손가락을 하나씩 하나씩 폈어요, 걔네들이. (면담자 : 버스를 잡은 손이요?) 아니, 버스가 아니고 얘네들 방패 이렇게 잡으면 안 쓰러지려고 잡으면 손가락을 이렇게 폈어요, 못 잡게, 얄미울 정도로. 아들[뻘]이니까 뭐라고 하지도 못하고. 거의 앞에, 거의 앞에 있었는데 거기서 어떤 분이 길 뚫어달라고 하면서 되게 덩치 크신 분인데, 여기를 분명히 어딘가에 찍혔을 텐데? 애들 채증하고 그랬으니까, 나 맞는 거. 서울대 병원 갔던 거 같은데 그때? 거기 갔다가 안산으로 넘어왔어요.

면담자　　　그리고 그때 민중총궐기대회에서 백남기 농민 돌아가시고 점점 상황이 안 좋아지던 때가 있었는데, 그때는 어머니 어디에 계셨어요?

진혁 엄마　　병원도 거의, 병원에 입원해 있을 때도 있고, 일하거나 아니면 그야말로 뭘 배우고 막 바느질하고 있고….

면담자   어머니가 인형 만드는 거 배우신 때가 그해예요?

진혁 엄마   예, 그런 상황. 광주법원 안 가면 거기 공방에.

면담자   주로 일상이 공방에 가시는 거였어요?

진혁 엄마   바로 집 앞에 거기. 그래서 인형만 만들고 있고….

면담자   평일에 그거 하시거나 법원 가시거나 하셨네요.

진혁 엄마   그거 끝나면, 바느질이 끝나면 가족들하고 술 마시고 그게 일상. 회의 있으면 회의 가고….

면담자   아버님이 대표를 하셨던 건 어느 무렵까지인가요? (진혁 엄마 : 2015년 초까지?) 그때가 임원진이 다 한꺼번에 바뀌었던 때였나요?

진혁 엄마   2기, 2기 바뀔 때도 잠깐 했어요, 바뀔 때도.

면담자   그러고 나서 그해에 교실 문제가 나왔거든요.

진혁 엄마   그 교실 문제 있을 때 집에 손님이 와가지고, 집에서 내가 유튜브로 계속 봤어요, '아프리카TV'로 영상을 올리니까 그거 보고 있. 내가 아는 애도 거기 학교를 갔는데 "거기에 싸움 휘말리지 말고 나와라" 했는데 자기는 그게 되게 서운했었나 봐요. "언니가 어떻게 나한테 그럴 수가 있냐"며 뭐라 하더라고. 그다음부터 개랑 얘기를 안 했지, 나는 지금 생각해서 그렇게 한 건데.

면담자   그때 가족분들 의견이 많이 다르셨는데 어머님 입장은 어떠셨나요?

진혁 엄마   "존치하자"예요, 왜냐면 아무것도 이루어진 게 없으니까. 그리고 우리 아이들이 썼던 흔적이잖아요. 그래서 "존치하자"에 한 표. 서운할지 모르겠지만 "존치하자"에 한 표 하면서 어차피 단원고에는 돈이 많이 들어갔잖아요? 그 돈으로 지으면 되지, 증축하면 되지. 난 그렇게 하길 바랐어요. 증축이 어렵다나 뭐 한다나 그렇게 말을 하니까 서운했죠, 할 수 있는 거를 못 한다고 하니까. 걔네들[단원고]도 교육청이나 정부에[서] 받았겠죠.

면담자   그때 운영위원 안 하신 걸 후회하셨던 거죠? 교실 문제 때문인가요?

진혁 엄마   후회했어요, 교실 문제부터 하고, 그 전에 다른 건들도 했을 때 후회했어요.

면담자   단원고에서도 그렇고 교육청도 이상할 정도로 빨리 진행했죠.

진혁 엄마   너무 이상할 정도로, 그래서 너무 빨리빨리 이거를, 모든 거를 없애려고 하는 거잖아요? 그래서 수상도 하고 의심도 가고….

면담자   4·16세월호참사가족협의회에서 다들 열심히 해주시지만 다른 방향으로 생각하신 적은 없으세요?

진혁 엄마   있죠. 전체 가족을 포용을 해줬으면 하는 그거 있었어요. 그리고 우리 어른들이 다 자아가 다 형성되고 다 했기 때문에, 인격이 다 형성되고 그랬기 때문에, 그리고 일단은 이 나이대가, 내가 제일 강하잖아요, 엄마, 아빠들이 이 시기가. 그래서 '조금만 양보하고, 조금만 기준을 열어주고 해서 이런 방향도 있으면, 이런 방향도 같이 안고 가고 그랬으면 좋겠다'라는 생각은 많이 하죠. 지금도 해요, 다 똑같은 엄마, 아빤데 그거 하나만 봐줬으면, 일을 하니 안 하니 그게 아니고. 물론 앞에 있는 사람들이 고생은 제일 많이 하죠. 제일 많이 하는데 '그래도 그거를 끌어안고 가면 다른 엄마, 아빠들도 힘을 더 보태주지 않을까? 약간 미웠던 감정도, 미움이 조금씩 사라지지 않을까' 그런 생각도 많이 하죠.

면담자　　　생계를 이어가서야 하는 분도 있고, 활동에 전념하시는 분도 있고 다를 수밖에 없어서 어려운 것 같아요.

진혁 엄마　　그래서 포용을 해줬으면 하는 게 첫 번째예요. 그냥 '엄마, 아빠다'라고만 할 수 있는데…, [활동에 참여하지] 못 하는 사람도 많거든요. 물론 의견 충돌도 있지만 그거를 의견 충돌이라 하지 말고 그 의견을 받아들여서 말 한마디로 천 냥 빚 갚는다는데 노력해 보자고, 한번 반영해 보자고, 그렇게 해줬으면 하나로 가지 않을까.

면담자　　　정부가 자꾸 편을 가르려고 했었잖아요? 배·보상도 그중 하나였던 것 같아요.

진혁 엄마　　네. 맞아요, 맞아요.

면담자　　　어머니는 배·보상 어떻게 받으셨어요?

진혁 엄마　　저 모르게 모든 거를 진혁이 아버님이, 내가 반대도 많이 하고 하니까. 내가 알게 되면 또 "얘 분명히 [뭐라고] 하니까 자기가 아프고 말겠다" 그런 위주[로 했어요]. "자기가 아프고 말겠다" [하며 말 안 하고 했어요], 내가 [했다고] 하면 "왜 나랑 상의도 안 하고" [라고] 몇 날, 몇 달을 물고 가는 거 아니까, 애 문제라 그러면 몇 달을 물고 가니까.

면담자   알고 나신 뒤에 그걸로 다투셨어요?

진혁 엄마   다툰다기보다는 돈이니까. 돈이잖아요, 보면? 혼자 속으로 삭혔어요, 암말 안 하고. 아무 말 안 했어요, 진짜 속으로 삭혔어요. 지금도 묻고 싶지도 않고 그냥.

면담자   같이 얘기하시거나 그러신 적은 없으셨어요?

진혁 엄마   응, 서운하면 또…. 본인도 힘든데 내가 그거를 하면….

면담자   얘기를 꺼내면 문제가 생길 수 있으니까요?

진혁 엄마   [생길 거] 같으니까 조용히 [있었죠].

면담자   정부에서 압박도 많이 했었죠?

진혁 엄마   네, 압박을 많이 했어요, 많이. 전화도 엄청 오고 "해야 된다"라고 설득도 하고, 엄청 했죠.

면담자   아버님이 많이 고민하셨을 거 같아요.

진혁 엄마   나는 "아니다. 안 받는다"에 [의견을 냈고], "안 하고 싶다" 그거였으니까, 나는. 그때 뜻은 "이 정부를 못 믿는다" 하여 아마 보상을 신청한 걸로 알고 있어요. (면담자 : 어차피 못 믿으니까요?) "정부는 못 믿는다".

면담자 　　　 배·보상 때문에 활동하는 거에 불편함도 있으셨나요?

진혁 엄마 　　　 그런 거는 없어요. 왜냐하면 하고 싶을 때는 하고, 내가 진짜 가야 될 자리는 가고 그러고 싶은데, 활동한 엄마, 아빠들한테 눈치가 보이고 미안하죠. (면담자 : 어려우실 거 같아요) 네, 제일 어려워요.

면담자 　　　 가족분들도 이해하시지 않을까요? 다들 상황이 다르니까요. 어머니께서 느끼기에는 어떠세요?

진혁 엄마 　　　 8반에서는 보면 그런 거 가지고 다투거나 그런 건 없어요, 이렇게 모임에서 만나고 그러면.

면담자 　　　 받으신 분도 계시고 안 받으신 분도 계시는 거네요.

진혁 엄마 　　　 네, 그러니까 그렇게 자리 모여서는 그런 거 가지고 얘기를 안 해요. 그냥 우리 살아가는 얘기, 그런 얘기 하고 "어떻게 지내냐?" 그런 얘기 하는 거니까.

면담자 　　　 반별로 분위기가 다를 수도 있겠네요?

진혁 엄마 　　　 예, 다른 반은 안 봤으니까 모르죠. 우리 반에 아빠들이 모임을 자주 하니깐요. 아빠들은 그닥 그렇게 두리뭉실하게 한 사람이나 안 한 사람이나 앉아서 마음 편안하게 얘기하고….

면담자 　　　 정부가 그런 힘 빠지게 하는 갈등을 만들었죠.

진혁 엄마   네, 그렇게 말하죠. 너무 크게 크게 만들죠, 틀을 너무 크게, 타이틀을.

면담자   계속 언론플레이 하고 그랬었죠?

진혁 엄마   예, 앞으로도 더 갈라놓을 거예요. 앞으로도 더 갈라 놓는다…, 싸움을 시키겠죠. 근데 그거에 우리 가족들이 현혹이 안 돼야 되는데 자꾸 현혹되니까 그게 걱정이 되죠, 싸움을 건다….

면담자   온마음센터에서 상담받으시는 거랑 병원 치료는 하고 계신가요?

진혁 엄마   온마음센터에서 상담을 받아보긴 [했는데], 한두 번 받아보고 안 갔는데…, 안 갔어요, 그냥. 고대병원에 입원하면 거기서 상담을 받았는데도 안 갔어요. 왜냐하면 약을 줘요. "잠 잤어요?" [그래서] "아니요" 그럼 약을 올려줘요. 또 갔어, 일주일 먹고. "어때요?" 그러면 "나 이 약 안 먹을래요" [하면] 왜 안 먹내. "독한 거 같아요" 그럼 뭔가를 줄여줘요. 그러니까 무조건 재우는 거밖에 없는 거 같아요. 진정제 그런 것도 있긴 있다고 하는데. 고대병원은 그냥 일상이 그거였던 거 같아요, 초창기에. 그래서 안 갔어요. 근데 가서 아이 얘기를 [하는 걸] 내가 힘들어해요, 막 가서 구구절절이 하고 싶은 생각도 없어요. 왜냐하면 모르잖아? [상담자가] 아가씨인데, 애도 안 낳아봤는데.

면담자   그런 생각이 드셨어요?

진혁 엄마   예. 그래서 '뭐 하러 하나? 할 필요가 있나?' [싶더라고요].

면담자   온마음센터는 병원과 연계한 상담인가요? 아니면 아예 별개인 건가요?

진혁 엄마   같이 연관이 되어 있죠, 왜냐하면 약은 병원에서 타야 되니까.

면담자   상담은 온마음센터에서 하고 약 처방은 병원하고 연계해서 한 거군요?

진혁 엄마   지금은 온마음센터도 연관이 되어 있어서 처방을 해준다고는 하더라고요.

〈비공개〉

면담자   그때 당시에 그나마 속 터놓고 얘기할 수 있는 사람 있었어요?

진혁 엄마   없다, 유가족 이외에는. 그런다고 해서 마음 터놓고 얘기를 해도 할 사람이 없으니까, 그리고 다른 사람들 만나서 얘기한다 한들 모르니까, 안 당해봤으니까. 그런다고 그 사람들한테 당해보라고 할 수 없잖아요.

면담자   결국 마음 아는 거는 가족들이란 생각을 하신 거네요?

진혁 엄마   네, 맞아요. 말 한마디 해도, "아" 해도 알아먹고 "어" 해도 알아먹고, "그래, 지금이 이 상황이지?" [하고 아는데, 다른 사람들은 모르니까], "해가 바뀌면 왜 아파? 왜 봄이 오면 싫어?"[라고 하니까] "봄이 오면 꽃이 피니까 싫어, 꽃이 피면 애들이 수학여행 가는 시기가 오니까 싫어" 이렇게 하면 가족들은 알아먹지만 다른 사람들은 몰라요. [다른 사람들은] "왜 그러는데? 봄이니까 좋은데 꽃놀이 가자. 벚꽃놀이 가자", 근데 우리는 그게 싫거든.

면담자   가까운데 서운하다고 생각됐던 사람들 있으시죠?

진혁 엄마   있죠, 같이 학교 일을 했던 엄만데, 엄마들인데 [아이들이] 진혁이보다 한 살, 다 한두 살 어려요. 근데 자기 애들은 군대를 간다고 얘기를 하는 거야. 우리 애는 없어. 근데 나를 위로해 준답시고 같이 저녁을 먹고 술 한잔을 먹자고 하는데 당신네들은 자기 아들 얘기만 하거든. 나는 거기에, 오빠랑 나랑은 거기에 들어갈 수가 없는 거야. 그리고 군대 가서 힘들었대. 그런 얘기를 하면 나는 화가 나는 거야. "언니, 나 그 얘기 안 했으면 좋겠는데, 그만했으면 좋겠는데" 그래도 해요. 그래서 나는 '이 언니가 속이 없구나' [하고 생각하게 되고], 잘 안 만나게 되고…. 그냥 내가, 진짜 내가 필요한 거 있을 때만 얘기하게 되는 거죠. 그리고 "언니 밥 먹자", "술 마시자" 그런 얘기는 안 하게 되는 거지. 진짜로 또 내가 잘 아는 언니가 하나 있지만 그래. 내가 힘들고 그런 건 다 알아. 그치만 그 언니는 또 그래. "왜 꽃이 피는 게 싫어? 나는 봄이 오니까 좋은데". 설명을 해.

면담자   4월이 되면은 가족분들이 힘들 수 있다는 거 정도는 생각할 수 있지 않을까요?

진혁 엄마   시간이 흘렀으니까 "마음에 담지, 가슴에 담지, 그만 울어" 그런 말이 나는 진짜 싫은 거예요. 그니까 우리가 제일 힘들어지는 시기가 뭐냐면 딱 해가 딱 바뀌잖아요. 연도가 바뀌면서 '이제 구정이 오는구나' 그때부터 힘들어지거든요. 엄마들은 몸으로 먼저 와요, 아파요, 이유 없이 아파. '아, 구정이 오네. 아, 명절이 왔네. 명절이 오고 나면 이제 또 봄이네', 거의 패턴이 그래서 4월 말, 5월까지는 힘들어요. 우리가 그냥 어찌어찌 버텨가요. 그러다가 좀 돼, 그러면 애 생일이 와, 힘들어. 또 추석이야, 명절이어서 원래는 제가 명절날 같은 때는 진혁이랑 같이 셋이서 전을 했어요, 진혁이 아빠랑 셋이서. 그다음에는 안 해요. 그다음부터는 안 하는데, 산 게 더 싸기도 하더라고요, 맛은 없지만. 근데 싫어해요 진혁이 아빠도, 왜냐하면 진혁이랑 토닥토닥거리면서 만들었으니까. 그리고 그때 당시에는 18세 이상에 술을 안 판다는 건 없었잖아요. 조금 젊은, 저기 애기 때는 막걸리가, 막걸리 지 손으로 사 와서 따라놓고 마시라 그러고, 지는 안 마시고 못 마시니까, 초등학생이고 중학생이니까 마시라고 놓고.

"엄마 힘들지?" 그러니까 왜냐면 우리 동서가 늦게 오니까 "엄마 힘들지. 왜 엄마만 다 해?" 그러면서 맨날 해주고. 전 하면 동그랑땡은 숫자 세놓고, 그리고 김치전을 되게 좋아했어요. 김치전은 진짜로 이만하게 다 알알이 하나 해서 손바닥만 하게 부쳐놓으면 먹고, 그거를 해서 명절이 오면, (면담자 : 지나고 나면 싫죠?) 싫어요. 근데 특히 명절날은 명절 음식 하는 게 진짜 싫어요, 지금은 어쩔 수 없이 손님이 오고 그러면 하긴 하지만. 어쩔 때는 보면서, 여기서 보면 다 보여요, 이따가 보여드릴게요. 진혁이가 보냈던 초등학교, 명성교회, 단원고등학교가 다 보여요, 여기서 딱 저기 주방에서 보면. 여기 이사 오고 나서 생긴 병이 있어요. 내가 혼잣말을 해요. 아침에 진혁이 아빠가 물을 저기다 떠다 놓으면 물에다 약을 먹어요, 약, 건강보조식품 먹고, 저는 혈압 약을 먹고 저기서. 그리고 사과를 항상 아침밥으로 먹어요. 저는 그냥 [밥은] 안 먹고 사과를 하나 깎아서 [아침으로 먹는데], 깎을 때 보이잖아요? 혼잣말을 해요. "어머, 진혁이도 저시간에 저기서 축구한다고 맨날 아침에 일찍 갔는데", 혼잣말을 해요. "나쁜 놈, 꿈에 좀 나오지. 요즘에 나오지도 않고 지 성인됐다고", 혼잣말을 한 10분씩, 5분씩 하는 거예요.

면담자 여기 이사 오실 때에는 그런 건 생각을 못 하셨죠?

진혁 엄마 바로 이렇게 [다] 보일지 모르고…. 이사 오기 전에는 사진을 보고 얘기를 했어요. 진혁이 사진을 보고 "너 뭐 하냐?" 그러고, 진혁이 사진을 보고 혼잣말로 "너 뭐 하니?" [하고], 일하는 책상에도 진혁이 사진이 옆에 붙어 있고 바닥에도 있고 해요. 해가 뉘엿뉘엿 질 때가 제일 힘들어요, 회사에 있을 때가, 막 울어요. 손님들이 오면 깜짝깜짝 놀라고, 코가 빨갛잖아요, 일단은 그런 상태. 지금도 며칠 전에도 너무 울어가지고 "나 집에 간다"고 혼자서 미친 듯이 여기까지 걸어오고.

면담자 회사 정리하시고 여기 오시니까 좀 더 편해지셨나요?

진혁 엄마 회사요? 저는 계속 여기에서 근무를 했으니간요. 진혁이 아빠가 편해졌겠죠, 왔다 갔다 안 하니까. 저는 계속 여기서 [했으니까요], 서울 직원들이 서울은 했었고 안산 매장 내면서 안산을 계속 지켰고. 안산에 매장 낸 지 한 16년 정도에 냈으니까, 16년 5월?

16년. (면담자 : 16년 전까지는 어머니도 서울로 왔다 갔다 하신 거예요?) 그 전에 사고 나기 전에는 왔다 갔다 했죠. 사고 나고 나서 경리가 잘렸죠, 송금을 잘못한 바람에. 숫자 잘못 봐가지고 어마어마하게 보낸, 3000만 원 결제할 걸 8000만 원을 보냈으니. 우리 남자 직원[한테] 전화 와가지고 "사모님 이거는 아니지 않냐"고 그래서 '아, 안 되겠구나' 그래서 경리를 빨리 뽑았죠, 힘든데도. 왜냐면 돈은 실수하면 안 되니까, 힘든데도.

면담자　　　그걸 집중해서 하시기 어려우셨을 거 같아요.

진혁 엄마　　지금도 그래요. 지금도 맨날 혼나요, 덧셈, 뺄셈도 못 한다고, 곱하기도 못 한다고. 뭔가 멘붕[큰 충격으로 정신이 무너진 상태]이 올 때는 오니까 그래서 항상 메모하는 습관을 갖는 거예요. 달력에도 중요한 거는 적어놓고, 안 그러면 [까먹어요].

5
16년도 이후의 경험과 진혁이의 의미

면담자　　　그 후에 탄핵 국면으로 흘러가게 되는데 광화문 집회에 혹시 가신 적 있으세요?

진혁 엄마　　갔죠, 몇 번 갔죠. 갔는데 항상 따로 갔었어요, 같이 안 가고. 일 끝나고 전철 타고 이동해서 전철 타고 먼저 오고. 일을 해야 되니까 그런 상황?

면담자　　　그때는 심정이 어떠셨어요?

진혁 엄마　　탄핵은 되어야 된다고 봤고, 되면 진짜 우리가 원하는 대로 될 거라는 한 가닥의 희망은 있었고, 기대를 했었고. 근데 그때 시점 되게 좋았죠. 탄핵되고 정권 바뀌고 기대도 하고 한 가닥의 희망은 보이고, [근데] 지금은 아니고.

면담자　　　맞아요, '잘 풀리지 않을까' 싶었는데. 왜 그렇다고 생각하세요?

진혁 엄마　　아까 [말한 거]랑 똑같잖아요? 윗선만 바뀌면 안 되는 거라고. 밑에 공무원들은 그대로고 국회의원은 당 이름을 바꾸고 그대로 유지가[유지해] 나가는데 새로울 리가 있을까요? 없어요, 왜? 밑에서부터 서류 사인을 하는 거잖아요. 그런다고 해서 서류 사인 이거 무조건 "아니야, 아니야"라고 할 수는 없는 부분이잖아요. 그리고 요기까지 올라가지 않고 밑에서 해결해야 되는 부분도 있잖아요. 나는 '바뀌려면 전부 다 바뀌어야 된다. 그렇지 않고서는 이 정권이 되나 저 정권이 되나 똑같다'[라고 생각해요]. 일하는 룰은 똑같거든요, 사람은 똑같거든요, 직책만 바뀔 뿐이거든.

면담자　　　지난해 4주기 영결식하고 안산분향소 철거했을 때는 좀 어떠셨어요?

진혁 엄마　　눈물만 하염없이…. 울었던 거 같아요, 그냥 뚝뚝뚝 눈물만 계속.

면담자　　　분향소에는 자주 가셨어요?

진혁 엄마   당직하고 그럴 때 갔었고, 나중에는 아빠들만의 얘기가 있을 거 같아서 어느 중간쯤에는 당직 때도 안 갔었어요. 제가 빠져줬어요. 왜냐면 아빠들도 아픔이 있잖아요. 근데 혹시 엄마가 있어서 얘기를 못 할까 봐 피해줬죠.

면담자   생명안전공원에 대해서 반대가 많고, 현수막 걸고, 선거운동에 이용하는 사람 많았죠?

진혁 엄마   화나죠. 신고도 많이 했어요 안산시에, "불법 현수막 떼라"고. 근데 그걸 알았어요. 단지 내에다가 거는 거는 불법이 아니래요, 단지 안으로. 그니까 단지 밖으로 나오면 불법이래는 거야.

면담자   아파트나 빌라 같은 데에서요?

진혁 엄마   네, 그런 게 어딨냐고!

면담자   단지 담벼락에 붙이는 거는요?

진혁 엄마   그것도 불법, 안으로 들어가면 불법이 아니고. 그래서 단지 안으로 다 들어갔어요, 맨날 출근하면서 전화해 갖고 안산시에다가. 그리고 그 앞에 청기와식당이 있었어, 학교 딱 지나면. 거기 앞에가 3번 바른미래당 이혜경이야, 앉아갖고 있어. 창문 내리고 "네가 엄마냐? 미친년". [그렇게] 있다가 선거가 끝났어, 그 차가 있는 거야, 원래 선거 끝나면 빨리 차를 반납해야 되거든. 전화했어, 이혜경이한테 연락처 어떻게 알아갖고, 알 방법은 있으니까. "차 빼라!"고, "기분 나쁘다!"고 [전화하니까] 누구[냐고 하길래], "시민"이라고 "차 빼라"고 [했지].

면담자 　　　전화할 때도 일부러 유가족이라고 말씀 안 하셨나요?

진혁 엄마 　　　안 하죠, 그때는 일부러 안 하죠. 안 하고 그냥 "시민인데 난 저거 기분 나쁜 말이다, 혐오스럽다. 현수막 떼줘라" 그리고 몇 번 신고하고. 내가 명성교회 다니는데 그 앞에서 자유한국당이 피켓 들고 서 있었어요. 진혁이 아빠랑 나랑 거의 한 달 동안 교회 못 갔어요. 진혁이 아빠 호스 빼갖고 물 뿌리고요, 저 교회 앞에서 욕하고요. 딱 봤는데 유가족의 이모가 피켓을 들고 딱 서 있는 거야. 자기 말로 먼 친척뻘이라고 했는데 딱 봤어요. 어디서 많이 본 사람이 마스크 쓰고 서 있는 거예요. "야, 너 이모 맞냐"고, "미친년" 내가 그랬어요, "야, 니네 부모, 애비, 애미가 맞냐"고, "니네 여기서 그거 들고 서 있고 싶냐"고, "나 세월호 엄마"라고 "빼라"고, "장난하냐"고. 내가 먼저 바들바들 떤 거야. 그랬더니 진혁이 아빠도 교회에서 호스를 빼갖고 거기다가 물을 뿌린 거야, 일부러 가라고.

면담자 　　　어머니 교회에 그쪽 지지하는 사람 많잖아요?

진혁 엄마 　　　있죠, 있죠. 알게 모르게 있죠, 많죠.

면담자 　　　목사님은 어떠세요?

진혁 엄마 　　　뭐라 했대요, 한 번. 목사님이 항상 가운에 세월호 노란 리본이 있어요, 달고 계시고. 우리 주보에 그게 있어요. 나 잠깐 사라져도 되죠? (주보를 찾으러 가며) 주보에 이게 이렇게 있어요. 날짜가 이렇게 있고 4주기 기억예배를 해요. 1주기 기억예배, 2주기, 3주기, 4주기 이제 이번에 5주기인데 5주기 때도 기억예배를 해요.

이거를 하고 여기다가 세월호의 기도 제목을 해갖고 항상 넣으셨었어요, 그 전에는. 근데 "그거를 왜 넣냐?" 그러면서 뭐라고 해서 살짝 뺐어요. 우리 교회에서 일곱 명, 일곱 명의 아이가 갔으니까. 그 목사님, 사모님 두 번 오셨죠, 팽목에, 체육관에 계속 오셨었어요, 기도하고.

면담자   진혁이 가고 나서 신앙에 회의가 들거나 하지 않으셨어요?

진혁 엄마   엄청 했죠, 엄청 했죠, 진짜 심하게. 근데 가는 데마다, 내가 가는 곳에 그때 부활주일이었잖아요? 근데 진도교회를 찾아가지고 가서 거기서 엉엉 울었어요, 엉엉 울었거든요. 그냥 울었어요. 그래서 설교는 못 하고[못 듣고] 그냥 예물만 드리고 진혁이 아빠랑 나랑 울고…. 그 목사님하고는 지금도 가끔 연락을 주고받거든요. 거기 갔을 때 계셨죠. 그리고 팽목항에 항상 오셨었어요, 나를 찾아오고, 저를 찾아오고 했었고. 광주법원을 다닐 때는 장헌권 목사님이라고 그분이 계셨어요. "진혁이 엄마 하고 싶은 대로 술 마셔도 된다"고 하시고, "예수님도 포도주 드시듯 마시라"고 "마셔" [했어요]. 여기 교회 목사님이랑 사모님은 "하고 싶은 대로 다 하라"고, "하나님의 끈만 놓지 말으라"고 그랬어요. 저 밑바닥까지 갔죠, 진짜 밑바닥까지. 진짜 미웠던 거는 우리 어머니가 "교회는 가야지" 그 말이 전 진짜 싫었어요. 보이기 위한 예배는 싫었거든요, 저는 그게 싫었거든요, 진짜 싫었거든요. 안 갔어요, 못 가겠는데요?

면담자   못 가신 기간이 어느 정도 됐나요?

진혁 엄마   그러니까 물론 다른 집회도 가고 그래서 주일을 못 지 켰지만 (면담자 : 어머니 마음에서 멀어진 게 어느 정도 됐나요?) 언제부 터 언제까지? 한 거의 3, 4년 걸린 거 같은데요? 3, 4년. 진혁이 아빠 랑 나랑 성가대를 해요. 진혁이 아빠도 성가대 하고 밖에 외부에서 '카라싱어즈'라고 그것도 하는데 진혁이 아빠는 "찬양만은 안 놓겠 다" 그러면서 그 힘든 와중에도 '카라싱어즈' 연습을 매주 월요일 날 갔어요. 외부 찬양이거든요, 가서 정기 연주회를 해요, 해마다.

면담자   어머니는 어떻게 회복하시게 되셨어요?

진혁 엄마   저도 주일날 나가서 성가대 발 디디면서 다시…. 3주 기 때부터 나갔나, 그때부터 조금씩 찬양으로 극복을 한 거죠. 힘들 었어요, 진짜 힘들었어. 근데 어머니는 그렇게 얘기하니까 그것도 진짜 싫었어요. 진혁이 아빠는 "교회는 가자" [그리고 저는] "나 안 가. 혼자 가" 그럼 같이 안 가고, 내가 안 가니까, 혼자 가는 건 그러니까 안 가더라고요. 안 가고 딴 데, 분향소 가고 딴 데 가고 유가족들 만 나가지고 외부로 들어가고, 낮부터 술 마시고 있고, 그러고 다녔[죠].

면담자   힘들고 절실할 때는 신앙에 많이 의지하게 되잖아요?

진혁 엄마   없었어요, 그때 힘들 때 그것도 없었어요. 그냥 내가 의지할 사람은 아무도 없었고 그냥 진혁이 아빠 혼자. 예, 혼자.

면담자   회복해 가시는 과정인 거예요? 신앙생활은 어떠세요?

진혁 엄마   그죠, 신앙생활에서는 회복 과정, 회복.

면담자   정말 어려우셨을 거 같아요.

진혁 엄마   예, 쉽지 않아요.

면담자   교회에서는 적극적으로 나오시라고 하시지는 않으셨
어요?

진혁 엄마   안 했어요, 억지로 하지 않았어요.

면담자   오히려 기다려주셔서 가실 수 있었던 거네요?

진혁 엄마   네. "충분히 하고 싶은 거 다 하고 오라" 그랬어요, "싸
우고 싶은 거 싸우고 할 거 있으면 다 하고 오라"고.

면담자   그래서 정말로 다시 돌아가실 수 있었던 거네요.

진혁 엄마   예, 맞아요. 만약에 강요를 했더라면 아마 저는 안 갔
을 거 같아요.

면담자   2기 특조위가 진행 중에 있는데 '진상 규명이 언제쯤
이면 가능하겠다'라는 전망이 있으세요?

진혁 엄마   언제 진상 규명이 될까요? 우리가 살아 있을 때 과연
될까요? 묻히지는 않는다면, 내 생애에만 된다면 좋겠어요. 얘네들
하는 걸로 봐서는 이리 빼고 저리 빼고 충분히 조사할 수 있는 건데
도 못 하고.

면담자   어머니의 입장은 전면 재조사해야 된다는 거죠?

진혁 엄마   그렇죠. 처음부터 다시, 수학여행을 가기 위해서 학교
에서 했던 [거부터].

면담자   왜 그 배를 선택하게 되었는지부터 그 과정 전체를요.

진혁 엄마　　　예. 그런 거는 운영위원회에서 하는 거기 때문에, 왜 지들은 배로 안 가고 비행기로 갔다 비행기로 와가지고 사인하고 도장 찍고. (면담자 : 예비 답사 갔을 때요?) 네, 난 그것도 불만이고, 왜 그렇게 안개가 짙은데 강제 출항을 시켰으며⋯. 전부 다 다시, 교감 선생님의 죽음의 의문도 풀어야 되고. 그때 당시 다 청경[청원경찰]들이 있어서 그쪽 산속으로 갈 수는 없어요. 따라붙어요, 누군가가 어디로 이동을 하면 다 따라붙어요. 근데 그거를 가는 걸 못 봤다? 그건 거짓이다. 저는 처음부터 다시 전부 다⋯. 배를 증축한 것부터 해서 배를 사 온 청해진부터 해서 왜 또다시 증축을 하려고 유병언이의 전람실인지 그걸 왜 만들려고 했는지, 증축한 곳에 왜 증축을 다시 하려고 했는지, 그런 것부터 전부 다⋯. 그 배를 만들려고 선박회사에 [의뢰하는데 배를 고쳐주는 사람들한테 왜 당신네들이 금을 줬는지, 현금, 열쇠를 다 조금씩 조금씩 줬는지, 왜 뇌물을 줬는지 그 사람들한테, 그런 거부터 다시 다, 전부 다 처음부터. 우리가 죽기 전에⋯.

면담자　　　거의 마무리가 되어갑니다. 어머니에게 있어서 진혁이는 어떤 아이였다고 생각하세요?

진혁 엄마　　　물론 착하다, 이랬다, 저랬다 하는 거 있지만 배려심이 있는 아이? 배려를 참 했던 거 같아요. (면담자 : 어머니한테도 그랬나요?) 네, 저한테도 했었고, 그리고 무지 착했어요. 그리고 그냥 내편! 내 남편이 내 편인 게 아니고 아들이 그냥 내 편, 든든한. 남편이 든든해야 되는데 우리 아들이 든든한, 의지하고 싶고 걔가 저기 하면[편 안 들어주면] 더 서운하고, 남편보다 애한테 더 서운하고. 진짜 그랬던, 지금도 생각나요, 그런 거는. 왜냐면 '진혁이는 안 그랬거든!' 내가 가끔 비교를 하게 돼요. 그러면서 어쩔 때는 이렇게 길 가다가도 '어, 여기 갔을 때 진혁이랑 지나갔었는데', 상가가 그대로 있거나 옷가게가 그대로 있거나 하면. 중앙공원 잘 안 나가려 그래요, 제가. 가끔 뭐 있어서 영화가 꼭 보고 싶은데, 그러면 지나가다가 "나 여기 진혁이랑 지나갔었는데" 얘기를 하거든요, 순간 부들부들 떨리고. 그리고 고잔공원 눈 오면 '아, 진혁이 저기서 썰매 탔는데, 옷을 하루에도 몇 번을 버려갖고 왔는데' 그런 거. 그냥 진짜 든든한 내 편, 지원군? 지금도 아직도 그 상태 그대로예요, 수학여행 간 뒷모습 그대로.

면담자　　집안에서 제일 든든한 내 편이라고 생각하셨군요.

진혁 엄마　　진짜 그랬어요. 왜냐면 진혁이 아빠가 "넌 좋겠다. 진혁이하고 추억이 많아서" 그 말을 항상 했었어요, "넌 좋겠다". 어쩔 땐 미안하죠. 근데 그렇게 될 수밖에 없었던 게 본인은 회사 다른 직원들하고 접대해야 되고 그러니까 그렇게 했는데, 나는 그 시간이 저기 하니까 맨날…. 물론 버림받았어요. 지가 필요한 거 있을 때 데리고 나가서 자기는 "친구하고 논다" 하고 나는 짐을 들려서 보냈어요, 항상. 지가 몸에 들고 들어가지 왜 택시 잡아가지고 "엄마 타. 빨리 가, 집에" 진짜 그랬어요. "빨리 가, 엄마. 가라고, 나 친구들하고 논다고".

면담자　　지금 어머니 개인적인 삶이나 일상에서 바라시는 거 있으세요? 사업이라든가.

진혁 엄마　　　그쵸, 사업이 예전처럼 돌아와서 예전처럼 남들을 도울 수 있는? 지금도 그거는 꾸준히 나가는 거 같아요. 뭐 만 원, 2만 원 해서 계속 통장으로 나가거든요. 그전부터 해왔던 거 끊을 수가 없어서, 어려운 사람들을 도와주고 계속하는데, 앞으로도 진짜 어려운 사람들 도울 수 있게 쪼끔만 더 경기가 풀려서 사업이 쪼끔만 됐으면 좋겠어요, 진짜로 도울 수 있게 어려운 사람들을.

면담자　　　이미 많은 가족을 건사하고 계신대요.

진혁 엄마　　　8반? 8반 전화 와요, 항상. 그래도 8반 모임 할 때 도와주는 부곡복지관이라고 있어요. 거기에서 이렇게 다과 같은 건 지원을 해줘요, "며칠날 모이냐"고 해서 "모인다"고 그러면 그런 건 해[줘]서 부담은 없어요. 그러니까 뒤치다꺼리를 내가 할 뿐이지, 그리고 밑반찬 같은 거 가끔 해서 하고. 이것만 자꾸 먹으면, 산 음식 먹으면 지겨워하시는 분들 있으니까 밑반찬 같은 거 해서 김치를 찐다든가 나물을 한다든가 해서 갖다가 같이 놓죠. 지금까지 교수님 세 분이 있어요, 우리 8반에 지원해 주시는. 지원보다도 정신적인 상담? 여기 8반만 유지하는 건데, 초창기에 그게 있었는데 제가 상담을 했어요, 그분 교수님하고. "왜 하시려 그래요?" 제가 물어봤던 거도 그때도, 이거 하려는 이유가 교수님들, 아니지 그때 교수님들 아니지, "당신네들 논문 쓰려 그러는 거 아니냐?" 대놓고 그랬어요. "오실려면 오셔라. 대신에 논문만 잘 쓰라" 그랬죠. 진혁이 아빠가 만나야 되는데 바빠 가지고 내가 만나면서 그렇게 되게 막말을 했었어요. (면담자 : 근데 계속 꾸준히 어머님과 만나신 거죠?) 아빠들의 멘토니까, 아빠들의 멘토니까 제가 막을 순 없잖아요? 원래 엄마들도 해야 되는데 엄마들은 흐지부지 빠져나가고 그냥 아빠들의 멘토?

면담자　　　그때 교수님들은 누구셨어요?

진혁 엄마　　　이강욱 교수님, 이재헌 교수님, 석정호 교수님. 이재헌 교수님이랑 석정호 교수님은 최근에 [강북삼성]병원에서 다른 환자분한테 칼 맞아 죽으신 분 있죠? 그분의 제자분들. 되게 힘들어하셨어요, 두 분이. 그리고 이재헌 교수님이 잠깐 고대병원에 와서 담당 정신과 교수님으로 계셨을 때는 세월호 유가족들한테 되게 관대하셨어요, 되게 편의를 많이 봐주셨고. 다시 오셨으면 좋겠어요. 더 어려운 데로 가셨는데 이재헌 교수님이 다시 오셨으면 좋겠어요. 유가족들이 되게 편해하고 되게 좋아했거든요. 왜냐하면 편안하게 진료를 받을 수 있게끔 해주셨으니까.

면담자　　　그분은 한 분이지만 되게 많은 분들이 힘을 얻었나 보네요.

진혁 엄마　　　예, 맞아요. 그리고 제가 이재헌 교수님하고 카톡, 이재헌 교수님하고도 저도 엄청 싸웠어요. "약 먹어야 된다" [그러시면 저는]"안 먹는다. 왜 내가 병원에 입원을 했는데 약을 주냐. 왜, 나 약이 안 먹는…" 엄청 싸웠어요. 근데 다른 가족분들하고도 우리 8반하고도 연계를 많이 해줬죠, 교수님 통해서 들어가서 검사받으라고, 나는 안 가면서 다른 분들은. 근데 이재헌 교수님은 진짜로 다른 반 부모님들한테도 되게 잘해주셨어요. 바쁘신 와중에도 8반에 원래,

교수님, 자주 모이는 교수님이셨는데 되게 잘해주셔서 기억에 남아요, 항상. 그리고 부곡복지관도 그렇고 잘해주시니까.

면담자   어머니 건강을 위해서 무리하지 않으시면 좋겠네요.

진혁 엄마   어쩔 땐 피곤하면, 어제는 되게 일찍 이렇게 누워 있었던 거 같아요.

면담자   긴 시간 구술에 응해주셔서 감사드립니다. 오늘 구술은 여기서 마치도록 하겠습니다.

진혁 엄마   고생하셨습니다.

면담자   고생 많으셨습니다.

4·16구술증언록 단원고 2학년 8반 제6권

그날을 말하다 진혁 엄마 고영희

ⓒ 4·16기억저장소, 2020

기획 편집 4·16기억저장소 ｜ **지원 협조** (사)4·16세월호참사가족협의회
펴낸이 김종수 ｜ **펴낸곳** 한울엠플러스(주)
초판 1쇄 인쇄 2020년 4월 1일 ｜ **초판 1쇄 발행** 2020년 4월 16일
주소 10881 경기도 파주시 광인사길 153 한울시소빌딩 3층
전화 031-955-0655 ｜ **팩스** 031-955-0656 ｜ **홈페이지** www.hanulmplus.kr
등록번호 제406-2015-000143호

Printed in Korea.
ISBN 978-89-460-6776-9 04300
        978-89-460-6801-8 (세트)
* 책값은 겉표지에 표시되어 있습니다.